U0908952

洪兰育儿作品

理直气平

勇于改变才会进步

洪兰 著

译林出版社

目　录

第二章　学习力

第三章　竞争力

第四章　神奇的脑

第五章 沟通力

第六章　生命力

简体字版自序

一个人会想要写书，当然是因为他想影响别人。《左传》说:“太上有立德，其次有立功，其次有立言。”立德，我没有那么伟大，立功，在二十一世纪几乎是不可能，那么只剩下立言了。其实，我写这本书也不是为了“三不朽”，而是我看到了一个做老师的责任。

我生在1947年的台湾台北，二次大战后，大家都很穷，那时没有电视，电影又看不起，唯一的娱乐是看小说，而家中有的都是旧小说，加上我父亲是个读书人，心中向往的是渔樵耕读、自给自足的生活，他最大的快乐是窗下课子，“子”当然是我们几个大一点的孩子（到我妹妹时代，爸已太老管不动了）。他教我们读《古文观止》，里面是各朝各代做人做事的道理。他自己嘴里常说“非梧桐不栖，非廉泉不饮”，人要“择善固执”，又告诉我们“贼禄不可养亲”，来路不明的钱不可以拿，家中客厅挂的是《左传》颜斶说齐王的“晚食以当肉，安步以当车，无罪以当贵，归真反璞，终身不辱”。在这种情况下长大，我的价值观自然比别人严谨了一点，每做一件事会先想一想，会不会给父母丢脸，让家门蒙羞。

1969年我大学毕业，很幸运申请到奖学金，得以去美国留学。在美国时，正碰上越战打得如火如荼，看到美国的大学生挑战传统的价值观：反战、烧国旗、性解放。但是也看到推翻了原来的价值观后，因没有一个新的理念去取代，年轻人变得很迷惘，很彷徨，对事情无法判断是非，对人生也不知何去何从，因此很多人走上吸食大麻或毒品的路。我看到年轻人对越战归来的大兵吐口水，在公交车上也不让座，我好生惊讶，因为这些缺手缺脚的伤兵是为国牺牲的，他们即使要怪也应该怪政府的政策不对，不该出兵，怎么把错怪到跟他们年龄差不多的同胞身上了呢？这些大学生的理智和同理心到哪去了？

我这才了解原来文化是一种看不见、摸不着的感觉，它改变人的潜在力量，能使每个人发挥最大的潜能，文化被破坏后，留下来的是心灵的黑洞，人生的空虚。当一个观念瓦解，却没有新的观念起来替代它时，它带走的是生活的目标和生命的意义。当年轻人把一切传统都当作邪恶，却没有人告诉他，你不该期待生命要给你什么，你应该反思你对生命能有什么贡献时，他会迷失。我开始想每天逼着我爬起来去实验室工作的文化是什么？最后发现它就是我父亲在我小时候灌输我的那个“人只要活着就要劳动，做有意义的事”，人要感恩，因为“一日所需，百工为之”，真正的快乐是当别人跟你一起快乐的时候，自己享福时，不要忘了造福别人，以及“已所不欲，勿施于人”等等，这种很传统的中国士大夫价值观。

1992年我回台湾教书后，发现台湾很多年轻人也跟我在美国校园里看到的那群大学生一样，解严了，束缚解开了，自由了，没有人管你了，但是你该做什么才好呢？很多孩子因此去试各种匪夷所思的事来挑战大人的底线，他们不知道的是，这些不好的行为会改变他的大脑，因为大脑是凡走过必留下痕迹，就像很多学生觉得拉 K 没关系，结果膀胱坏掉，终身包着尿片。人生有许多事是不能逆转的，再回头真的已是百年身了。所以我开始把一些所看到的不正确观念和行为写在专栏和报纸上提醒孩子，更把在实验室中有关大脑的正确知识传出去。这些专栏文章集结起来，就是现在要出版的这本书。

大陆和台湾分隔了六十多年，语汇用词有一些不一样了，但是中华民族传统的价值观还是一样的，尤其只要是人的社会，忠诚、正直、公平、正义这四个核心价值观是不会变的。孩子要在社会上立足，他必须懂得做人做事的道理，而对年轻人说教是没有用的，我们必须在他的心被某样东西触动时，立刻教导他，他才听的进去，但是心何时会被触动，我们却无法预期，因此我们唯一可以做的便是把书准备好，一旦想看时，就有。

我很高兴这本书要出大陆简体字版，希望我父亲传给我的一些中国的做人做事道理，加上我在美国教了 22 年书所体验到的西方教养方式，能对目前中国的年轻人有所帮助，使他们的人生更圆满，生命更圆融。

第一章 品格力

这种待人接物的礼貌其实就是品格，古人说“童蒙养正”，孩子启蒙时就要先教“正知正见”，以后就不会偏差了。

1 童蒙养正，受益终生

一位记者寄她的采访大纲给我，开头第一句话便是“你外子任‘教育部长’时……”我看了很惊讶，外子是对别人谦称自己先生，只有太太可以用，别人是不行的。文字是记者吃饭的工具，怎么连这个都不懂呢？

后来又看到一则笑话：有个男生在面馆中看到了他想追的女生，同学便怂恿他前去搭讪，他鼓起勇气转过头去对那女生说：“喂，你叫什么？”那女生惊讶地回答：“我叫牛肉面。”虽是笑话却很令人感慨，因为打招呼、称呼别人是人际沟通的第一步，想不到现代人连这个基本礼貌都不会了。

古人教孩子是先教应对进退，《三字经》中就说“为学者，必有初，小学终，至四书”。古人是六岁进学，先学洒扫、应对、进退，学好了，才开始学认字。古人都是先从应对上来看一个人的教养。我小时候，父母总是耳提面命：跟长辈说话一定要站起来，老人家没有坐，你不能坐，没有小孩大剌剌地坐在椅子上而长辈站着的道理。这个礼仪学会了，让座根本不是问题，何至于公交车上还得贴标语“请让座给老弱妇孺”呢？

衣着整洁也是一种基本的礼仪。最近硕士班甄试竟有学生穿着T恤、短裤、夹脚拖鞋前来口试，这不仅是对老师的不尊重，也是对自己的不尊重。如果你都不尊重自己了，别人怎么会尊重你呢？有些人甚至都为人师表了，也不知道这个礼仪，有个大学的助理教授要升等，到院教评会去报告他的案子，居然穿着无领T恤、破洞牛仔裤、凉鞋就上台了。他如此不尊重自己，当然别人也不会尊重他，他的升等没能通过是意料之中，没有人感到惊讶。

这种待人接物的礼貌其实就是品格，古人说“童蒙养正”，孩子启蒙时就要先教“正知正见”，以后就不会偏差了。难怪北欧国家的父母如果愿意留在家里自己带小孩，政府会给父母零用钱，因为家教太重要了，它影响孩子的一生。

启蒙的重要性在于大脑掌管记忆的海马回到四岁左右才成熟，但是四岁之前我们已学会很多东西，那时的学习机制主要是模仿。研究者已在人类大脑中发现镜像神经元，找到了模仿的神经机制，所以父母亲的身教非常重要。这也是骂人没有家教时会引起打架的原因，因为它把父母也骂进去了，这句话隐含了连父母也没有教养，因为如果父母有，孩子耳濡目染，自然也会有教养了。

现在主管机构在推品德教育，从学理上来看，它必须从家庭做起，父母带头有品德，孩子才会有品德。古人都知道“小学终，至四书”，礼貌学好了才教《四书》，我们却为何反其道而行，没有先教应对进退，就塞一堆植树问题、火车追赶、排比、映衬这些出社会后用不到的知识给孩子，而把最重要的做人的礼貌给忘了呢？

最重要的是万一事情做错，不要大声斥责，使孩子心生恐惧以后不敢再试，更不可过度责骂使孩子因怕被罚而委过他人。

2 林则徐的沉着与胆识

一个人能不能成大事，跟他遇事是否沉着稳健、有没有胆识很有关系。这个人格特质其实就是我们所谓的领袖气质，它一部分是天生，一部分是后天的养成。

林则徐年轻时家贫，在福建省长乐县的县衙做个小小的文书吏。有一天县里突然接到福建巡抚张师诚四百里加急的文书，缉捕江洋大盗林则徐解省。县令知道林则徐一向自律严谨，绝不可能是江洋大盗，但是上级的命令又不可违抗，便劝他逃亡，愿给他盘缠行资。林则徐不肯，说："苟有罪，不逃刑，无则可大白于世，不能含糊了事。"

到了抚辕才知道，原来张师诚看到林则徐写的签呈文字简洁有条理，很欣赏他，却不知他的人品如何，便用这个方法试他的胆量，看他有没有"猝然临之而不惊，无故加之而不怒"的涵养。看林则徐果然来报到，很是满意，便把林则徐留在巡抚的辕门，做自己的秘书。

过年时，巡抚照例要向皇帝拜表贺岁，张师诚便命林则徐写这则黄绫奏折。林则徐恭楷写好了后，以为是例行公事，等巡抚看过便可以发送出去。想不到张师诚蘸笔在奏折上改了几个不相干的字，叫林则徐回去重誊，要等他回来看过才可发送，送出后才可回家过年。

这件事换做别人就会生气了，已经除夕了，大家都赶着回家过年，这一两个字可改可不改，无关宏旨，为何要故意挑毛病呢？但是林则徐没有抱怨，提起精神恭楷写过，等待张巡抚回来看，结果一直等到天亮，巡抚才回来，他注意看林则徐的表情，林则徐脸上没有不悦的神情。

于是张师诚跟林则徐说：以前看你的字越到结尾越有精神，这是很难得的，所以今天用这个方法来试一试你的涵养，现在看来你将来一定会飞黄腾达。他最后讲了一句：“吾兄他日功业将胜吾万万，愿以子孙相托。”林则徐后来果然不负张师诚的提携与期望，做到晚清名臣。

一个人能成伟人，一定有跟别人不同的地方。胆识原是只有在突发的情境中才可以观察到的，张师诚懂得如何观察人，如果林则徐是千里马，那么这位张师诚先生可算是伯乐了。

沉着稳重也可以在生活中训练，平日多让孩子做事，让他有机会接触到不同情境，观察到不同人的反应。最重要的是万一事情做错，不要大声斥责，使孩子心生恐惧以后不敢再试，更不可过度责骂使孩子因怕被罚而委过他人。

科学家已在大脑中看到沙盘演练的效果——看到别人做或想象自己做这件事，跟实际动手做活化的是同一个神经回路。对孩子要训练他、培养他，让他像林则徐一样，对自己有信心，没做亏心事，半夜敲门心不惊，坦然面对不测；对自己分内的事尽心做好，如果抄写文书是自己的责任，那么除夕夜不能回家也不能抱怨，因为那是自己的工作。多让孩子看伟人传记，不论这人在时空上离我们多远，都能从其言行中学到他的成功之道。

人是社会动物，与人相处不可以不懂得基本的生活礼仪，所以父母亲不能再省略跟孩子说话的时间了，也不能只用命令式，没有解释原委。

3　不是本能的事都需要教

中国人喜欢“沉默是金”，过去大人很少跟孩子说话，如果说话也是很简洁，甚少花时间跟孩子说道理或原委，其实这是不对的。跟孩子相处时，要尽量把握所有的机会教他做人做事的道理和进退应对的礼节。最近偶然听到一位教授的助理在帮他接电话，从他说话的方式，我知道他得罪了对方，问一下他成长的背景，才知道原来是“没有教过”。他因家境好，所有事都有别人代劳，他从来没有替别人接过电话，都是别人替他接电话，所以不知道这方面的礼仪。回家后，网络上有人传一篇文章《孝顺是要教的》给我。两件事凑在一起，我发现凡是不是本能的事，都需要教。

现在很多孩子不会做事，是我们大人教得不够，因为大家都忙，孩子忙着补习，大人忙着赚钱，没有相聚的时间，就是相聚也没有时间讲我们父母以前对我们说的话。现代父母最常说的话是：赶快去做功课，赶快去洗澡，赶快去睡觉。生活步调紧凑，已经没有时间或精力教孩子做人的道理了。加上没有三代同堂，孩子无从观察父母怎么跟他们的父母相处，所以不知道进门要先向父母请安，好东西要先给父母吃。

我朋友说现在助理来上班不跟任何人打招呼，一头就钻进实验室;离开时，也不告诉老板一声，背包一背就走人，叫他做事常常弄巧成拙，所以不如自己做。问题是人是社会动物，与人相处不可以不懂得基本的生活礼仪，所以父母亲不能再省略跟孩子说话的时间了，也不能只用命令式，没有解释原委。很多意外的发生是孩子不知道为什么要这样做，所以他就按照他以为是对的方式做，结果就闯了祸。

唐朝的开国元勋李靖在未发迹前，原是山中的猎户，有一次他追一只鹿进入深山，夜暮迷途，看到林深处有灯光，走过去发现是一座大宅院，他便请求借宿。主人原是不允，但是夜深无奈何，最后老夫人告诉他，半夜若有什么动静都不要管，天明就上路，若能答应才肯让他借宿。李靖在当时情况下只好答应，而且也不疑有他。李靖睡到半夜，果然听到外面车马喧嚣，原来天庭下旨要龙王行雨，因为龙王不在家，老夫人便请李靖代行，告诉他，龙马停住时，只要从水瓶中滴一滴水即可。李靖从云中看到底下荒年大旱，地都裂开了，心想一滴水无济于事，便下了二十滴，结果等他行完雨回来，老夫人被天庭庭杖八十，子孙连坐，因为天上一滴水是地上一尺雨，如今人间平地水深二丈，房子都没顶，岂复有人。李靖的好心带来了灾祸。唐朝传奇说李靖因为这件事，后来未能出将入相。

我们看到大人少讲一句话，就有灾祸生。孩子不懂原委，便会自作主张，以他认为是对的方式做，做时还很得意，以为可以讨赏，其实是弄巧成拙，坏了大事。所以父母要花时间跟孩子说道理，只要有任何机会都要尽量地教。现代的“文武全才”应该是读书和做人都行的孩子，也唯有教出这种孩子，父母的责任才都完了，这种孩子才是将来社会真正可用之人。

孩子的成长需要大人的关怀，缺乏关怀，孩子易有反社会人格。

4 让孩子一开始就没有机会走歪路

最近打开报纸，全是疯狂杀人的新闻：台湾的失业男子误信杀人可以转嫁霉运，随意杀死跟他无冤无仇的陌生人；美国二十七岁的男子杀死亲生母亲、祖父母、叔、婶和侄儿之后还放火烧屋，在逃亡时见人就杀，一共杀死了十一人；德国则是一名十七岁的学生拿枪到母校扫射，杀死十四名同学之后再去购物中心杀人，一直杀到警察将他击毙为止，共死了十七个人。

我们看到这么多冷血的杀人新闻时，忍不住要问：现在的社会究竟是怎么了？为什么从亚洲到美洲、到欧洲，人都变得如此疯狂、嗜血？

有人认为这个世代的孩子不是在父母的怀抱中长大的，他们是在电视保姆、冰冷水泥墙的公寓中长大的，没有感受到人性的温暖，所以视人命如草芥。我们不知道这是不是原因之一，但是我们知道孩子的成长需要大人的关怀，缺乏关怀，孩子易有反社会人格。父母并不需要二十四小时把孩子抱在手上，但是必须在孩子需要你的时候在他身旁。事实上，不一定要有血缘关系的人，街坊邻居或任何人，只要能带给孩子安全与温暖，都对孩子心智正常的成长有帮助。

美国前总统夫人希拉里·克林顿曾经写过一本书《同村协力》(*It Takes a Village*)，认为一个孩子的成长光靠父母的力量是不够的，需要全村人的同心协力才可能成功。在冷漠的工业社会中，这个观念就更重要了，我们现在特别需要小区的人一起出来关怀孩子。在一个守望相助、社会结构紧密的小区中，孩子是不太可能变坏的，因为他没有机会。

有个孩子早上起来看到天气很好，就想逃学去郊外玩，他背着书包往城外走，走到一半，碰到赶羊的，那人问他："罗贝托，学校在那边，你怎么走到这里来了呢？方向错了。"他急忙编了一个谎搪塞过去。走不远，碰到砍柴的，又问他同样的问题，等到碰到第三个人的时候，他就掉头往学校去了。因为三个人里面，一定有一个人会碰到他母亲，他逃学的谎话一定会被拆穿，所以就乖乖回去上学了。这是意大利一个教授的亲身经历。他之所以能成为教授是他们全村的人彼此关心、监督、照顾每一个小孩的成果，孩子一开始就没有机会走歪路。

我小时候的台湾也是如此，我母亲去医院生妹妹，我们就很自然到隔壁的张妈妈家、李妈妈家吃饭；左邻右舍全是耳报神，我们在外做了坏事，在到家之前，讯息一定已经传到母亲耳朵里，一进门，家法就伺候着了。我们在成长过程中，充分感到大人对我们的期望，每个人都要你成材，在很穷的时候是不允许父母投资失败的。假如你的父母打赤脚，把钱省下来让你有鞋子穿，你敢不争气、不努力读书来回报父母吗？现在社会虽然富裕了，但人心还是肉做的，人还是需要别人的关怀，如果我们能够多关心一下别人的孩子，说不定这个孩子就不会变得偏激，走上不归路。

一个孩子心智的成长需要很多人的关心与引导，在经济不景气时，我们更需要有能力的人多做一些：多听孩子一句话，或许他不会气到拿刀去杀人；多帮助一个大人，或许他不会绝望到带孩子去烧炭自杀。每一桩悲剧的发生都表示我们做得还不够，请在今晚睡觉前问一下自己：我还能为别人多做一点什么？

受过教育的人应该是通情达理、懂得人情世故、有正义感、有同理心，而不是自私自利、不辨是非。

5 受教育越多同理心消失得越快

报载高雄县有两名中学男生把五根缝衣针直立于导师的椅垫上，当老师坐下时，针没入肉中。老师被自己教的学生如此恶整，难过得说“肉痛，心更痛”。

这则新闻看了令人触目惊心，台湾的师道越来越单薄，不敬也就罢了，还被凌虐，真叫我们做老师的寒心。更令人惊讶的是这两名学生说他们只是想恶作剧一下，这就更严重了。一个长到十四岁的孩子怎么会不知道针刺入肉会痛？难道这两个孩子在成长的过程中不曾穿过针、缝过线？不曾被针扎过？怎么会做出这种没有同理心的事来？

七年前高雄县也有个中学生把剪刀竖在同学的椅子上，当同学一屁股坐下去时，剪刀没入直肠，当场血流如注，休克，幸好没死，但是必须装人工肛门。可以想象这孩子的人生一夕之间完全变色！闯祸的同学也是说“只是恶作剧”。当时，我就非常不解，念到中学，怎么会不知剪刀是利器，可以致命？

看到报上列出台湾近年来学生恶作剧的八大事件，更使人忧虑加深，因为件件都使受害人一辈子遗憾，不由人不替台湾的教育担忧。一味地强调分数已使我们的学生不知道做人的基本道理是什么了。我们竟然有孩子把安眠药磨成粉放入老师的茶水中，在同学的便当中放泻药，这其实就是“下毒”，一种最阴险卑鄙、众所不齿的害人方式。不敢想象小学六年级生就懂得下毒，我们是以什么样的教育在教育孩子呢？人天生就有的同理心到哪里去了呢？

孩子一出生，大脑中就有镜像神经元，在医院的育婴室中常会一个婴儿哭，全部婴儿都哭；一只小猴子看到别的猴子受苦，它会跑过去拍抚、安慰，所以古人说“人之初，性本善”，人天生有人溺己溺、人饥己饥的同理心。这个同理心一直到幼儿园都还有，我们会看到老师处罚一个孩子，其他孩子会哭。我们要问的是，为什么接受的教育越多，同理心消失得越快，看到别人受苦，我们反而幸灾乐祸了？

教育的目的是使人超越动物的本性，使人成为更好、更高尚的社会分子。受过教育的人应该是通情达理、懂得人情世故、有正义感、有同理心，而不是自私自利、不辨是非，什么事只要我喜欢有什么不可以，完全不顾对方的感受和后果。美国教育哲学家杜威（John Dewey）一百年前说“生活即教育，教育即生活”，生活教育必须在实做中学习。只重课本知识，每天待在教室或补习班中背诵，是舍本逐末，完全违背教育真正的目的。如果没有在大脑可塑性最强的时候把基本的待人接物道理教给他，我们的苦头还在后面。

椅垫插针这件事是个警讯，我们的教育出了偏差，我们不可再把头埋在沙中，假装没看到了。清末林则徐在禁烟时说“如果不禁，中国将无可用之兵”，我们担心的是现在不改变教育重点，台湾以后也无可用之才了。

其实品德教育就是生活教育，一个家教良好的孩子走出来是有礼貌的，做事是有质量的，谈吐是有品味的。

6 计算机世代孩子缺的是规范

最近参加了几个有关品德教育的研讨会，会中讨论最多的是电玩，大人都把它当洪水猛兽，而小孩都爱玩电玩，亲子因电玩的观念不同而衍生出许多管教上的问题来。当孩子很想要而父母坚决不肯时，孩子会忍不住说谎或偷钱，父母会因孩子不听话而更加严厉控管，道高一尺，魔高一丈，形成一个恶性循环。其实，一种游戏这么吸引孩子，硬禁是禁不掉的，更何况研究发现，打电玩对大脑的反应速度有帮助，只要不是色情或暴力的游戏，适度地玩一下是可以的。

人的大脑会不停地因为外界环境的需求而调整内部的组织，盲人的视觉皮质没有用到，因此会被征召去帮助他读点字。大脑用得多的，在大脑中占的区块大，不用的，会被别人借去用，甚至只要把眼睛蒙上五天，我们的视觉皮质就会被挪去帮忙处理触觉和听觉的讯息。大脑的机动性让我们惊讶，也明白没有坊间说的“人只有用到百分之十大脑”这回事。大脑是每天都在动，努力使自己在演化上更占优势、更成功，绝对不可能让百分之九十的细胞闲闲没事干。

认知神经科学家看到这一些打电玩、在网络上长大的Y世代孩子（社会学上，一九四六至一九六四年出生的叫婴儿潮，一九六四至一九七六年生的叫X世代，一九七七至一九九七年生的叫Y世代），发现他们的大脑已经跟我们不一样了，他们每天快速地在网上浏览大量的讯息，使他们判断屏幕上随机出现的几何图形的速度比我们快，他们在网络上寻找所需信息的速度比我们快且准，他们从一个作业切换到另一个作业的速度也比我们快。我们必须一心一用，他们可以一心多用，我们如果一边看电视一边说话，我们会说错话，把电视上的字嵌到本来要讲的话中去说错，他们比较不会。

因为网络的讯息是实时的，他们这一代已不耐烦久等，凡事要立即见效。这是为什么Y世代的孩子常常同时开着两部计算机，一部上网搜寻信息，另一部下载所要的信息。

看到实验报告后，我们知道现在的教育方式非改不可。假如他们习惯了快速的网络阅读、快速求证（迈克尔·杰克逊猝死的消息一出，我儿子立刻上网求证，看了各国的新闻社网站后，脸色沉重地出来说迈克尔·杰克逊真的死了），我们怎么可以再用在课堂中一个字一个字念的上课方式去满足他的求知欲呢？一个会上网的孩子会不停地在网络上学新的东西，父母只要稍微留意一下就会看到，他们对着屏幕的眼神是热切的，而对着黑板的眼神是无奈的。因此学校教育的方式要改，父母教养的方式也要改，不能用十九世纪的理念去教二十一世纪的孩子。

大环境改变了，社会对孩子的需求也不同了，二十一世纪的孩子知识上不用我们操心，他们有心要学，可以学得很快。父母要教他们的是自制和自律，Y 世代孩子缺的不是刺激而是规范，而规范要从小从生活上做起。其实品德教育就是生活教育，一个家教良好的孩子走出来是有礼貌的，做事是有质量的，谈吐是有品味的。

品德教育要从家庭做起，由父母以身作则，在日常生活中教导孩子待人接物的道理。

7 品德教育要大家一起来

一个书教得很好也热爱学生的老师不教了，来找我写介绍信，说要出洋读书。问她为什么，她苦笑说教不下去了，不是不会教，而是家长不好教。她说班上有两个女生打架，她把她们分开后问为什么，一个女生哭着说："她每天叫我肥猪，我叫她不要这样，她不听。"她问另一个女生："你为什么叫她不好听的名字？"那个女生理直气壮地说："哪有什么不好听？我爸每天叫我妈肥猪，我妈也没有生气。"

原来这个学生在家里看电视时，只要有女生出现，她爸就指着电视上的女生问女儿："那个人跟你妈比，谁胖？"女儿回答："妈胖。"她爸就很高兴。去动物园玩时，她爸也会指着河马问："河马和你妈，谁胖？"她说："妈胖。"她爸就笑得更开心。所以她一直以为肥猪没什么不好，她爸每天都这样叫她妈。

一个好老师知道，要改正一种行为必须让学生知道为什么，所以她跟学生解释人的体重有百分之八十是先天决定的，是脂肪细胞的数量和新陈代谢的快慢，只有百分之二十是后天饮食形态，自己可以控制的，如要吃什么、吃多少等。孩子的体形跟同性别父母有高相关，如果母亲胖，女儿将来胖的几率也比较大，尤其中年新陈代谢减慢以后，体形更为相似，所以不可以用胖瘦去歧视别人。

不料这样一说之后，嘲笑人的同学现在变成被人嘲笑了，因为她母亲是胖的。第二天，这个学生的家长气势汹汹地来校，破口大骂老师，说她在同学面前诅咒他女儿，还说那个同学胖是事实，他女儿只是很诚实地说出事实，却被老师修理了，他要去找议员讨回公道。校长一听找议员就害怕了，便要老师道歉、写悔过书，老师不肯，就递辞呈了。我听了很难过，现在社会风气败坏，只比拳头不比念头，当家长不讲理而校长怕事时，一个好老师就被逼走了。

我们都知道品德教育要从家庭做起，由父母以身作则，在日常生活中教导孩子待人接物的道理。但是假如父母不够资格做楷模怎么办呢？像那位家长，专以取笑别人为乐事，而且取笑的对象竟然是孩子的母亲，他难道不晓得，当他不尊重孩子的母亲时，孩子怎么会听母亲的管教？

幸好莲花出污泥而不染，孩子也可以透过阅读了解是非与对错。小时候有一次月考，老师突然被叫出去接电话，很多人趁机作弊，我也很想，但是想起父亲叫我念的书中说“可以直中取，不可以曲中求”，就不敢了。书里有许多父母没有机会教我们的东西，看了书，懂了道理就不会去做了。

品德是立国的根本，法国路易十五的财政大臣柯伯特（J. B. Colbert）说：“一个国家是否伟大并不在它疆域的大小，而在它国民的质量。”英国作家及改革家史迈尔斯（S. Smiles）也说：“一个民族缺少了品格的支持就注定会灭亡，一个民族如果不再奉行忠诚、正直、公平、正义，它就失去了生存的理由。”

品德运动要成功，需要所有人一起参与，大家见义勇为、挺身而出，指责不对的事，让舆论产生力量，所谓千夫所指，无疾而死。当善的声音大时，恶的声音就小了，孩子每天耳濡目染，自然就学会了行为的准则。

品德、质量、品味要从生活中体验，进而内化成行为的准则，不是教条宣传可以得到的。教育不能跟生活脱节，尤其品德教育更要从生活实做中落实。

8 用辣妹宣扬品德、质量、品味？

最近去澎湖的离岛演讲，发现学校并没有宽带，很是惊讶，缩短城乡差距最好的方式不就是图书与网络吗？在回来的飞机上，看到教育机构花八十万元，请公关公司办活动宣扬“品德、质量、品味”政策，觉得很难过，这八十万元可以给十个离岛学校立即充实他们的图书设备，或让他们的计算机升级、汰换成液晶屏幕，为什么要请大专女生穿短裙、高筒长靴来跳热舞呢？热舞跟推动品德有什么关系？

不知从何时起，穿着清凉大胆、扭腰摆臀变成社会的时尚，三字经变成问候语，声音大变成有理，动手打人、骂粗话变成草根性、男子汉。当骂在外交场合替弱势孩童义演的元首夫人“要猴戏”而仍能在大学中为人师表时，请问这品德教育要怎么教？

模仿是最原始的学习，人一生下来大脑中就有镜像神经元，才落地的婴儿就会模仿实验者的表情，有样学样。我们处处给孩子不好的榜样，却要求孩子要有品德、品味，岂不是缘木求鱼？

重视品德是对的，因为它是做人的根本。目前社会已经向下沉沦到是非不分，可以说到危急存亡之秋了。但是在推动上，不应把民脂民膏拿来这样花。不知有多少偏乡学校图书馆数年不曾添过一本新书，计算机不曾升级过。品德教育来自大人身教与言教的潜移默化，尤其当孩子会认字后，许多做人的道理更是透过经典小说中的典范，如《中国历史故事》、《搜孤救孤》、《三国演义》、俄国的《罪与罚》、狄更斯的《块肉余生记》等，内化成自己的价值观，“读圣贤书所为何事”，就是这个道理。

品德、质量、品味要从生活中体验，进而内化成行为的准则，不是教条宣传可以得到的。我们要先给孩子一个正确的成长环境，所谓“蓬生麻中，不扶自直”，不管多狂妄的人走进教堂或参加葬礼都会自然噤声，因为气氛庄严肃穆。教育不能跟生活脱节，尤其品德教育更要从生活实做中落实。

现在我们社会学科的教法仍是死背课本，考学生东港的三宝为何、马太鞍最著名的是什么、村里办公室的九大工作项目为何、导护商店由哪个单位授证等，背这些对孩子品德有帮助吗？尤其到现在仍在要求标准答案，更是匪夷所思。有个小学一年级的段考题目为：“下列哪种会生长？ (1) 桃树；(2) 小草；(3) 种子”，标准答案为 2，因为课本说“桃树开花，小草生长，种子发芽”。

孩子是聪明的，两次以后，他就知道自己怎么想不重要，老师怎么说、课本怎么写才重要。标准答案不但扼杀了孩子的创造力，也让他学会不必思考。不思考，没有自己的个性，哪来品味？

当教育和生活脱节时，花再多钱倡导都是徒劳无功。品德教育从生活做起，没有别的快捷方式。

这种实用智慧的不足是我们社会的一大隐忧，但是这种实用智慧是教出来的，不是天生的。这个“教”不是在课堂中教伦理学，而是建立典范，改变社会风气。

9 有了品格其他德行自会出现

快放寒假了，我们赶在放假之前送书上山，让孩子带回家看，希望他读完，他的弟妹也会顺手拿起来看一下。与我同去的一位退休校长说，在没有学校评鉴之前，他只要走进一所学校，看看校园整不整洁、学生有没有礼貌就知道这个校长的办学如何。回想过去所看的学校，果然如此，真是一针见血，见微知著。我好奇这么有经验的校长，为何才五十几岁正值盛年就退下来了？他苦笑说：“铁打的衙门，流水的官，走马灯的校长。”现在的校长有责无权，现行的制度也不允许校长发挥，做得再好，两任八年一满一定要调校，一调走，前功尽弃，新校长一切重新开始，有时甚至连校门都改了，因为不合他的风水。

我听了好生惊讶，一种校风的建立需要时间，学生必须每天受到熏陶，潜移默化，出来才会与人不同。我初进北一女时，不知天高地厚，很想玩，因为游戏实在比念书有趣，但是找不到玩伴，校园中都是琅琅书声，如不读书，鹤立鸡群，自己觉得很突兀，只好拿起书来假装读，久了，习惯成自然，就养成读书的习惯了。我高中同学的父亲是新竹中学的校长辛志平，我们去她家玩时，觉得新竹中学的学生跟我们不一样，即使同样是男校，新竹中学出来的学生也跟建中的不一样，这就是校风的影响力。校风是一所学校的无形的校规，一个做得好的校长，应该让他持续做下去才会看到成绩，如果四年一换，每天都在重起炉灶，也就难怪现在的学校没有特色了。

为什么要这样一直换呢？他们告诉我为了防弊。过去曾有校长做久了，跟地方人士熟稔之后，有循私出过弊案，于是亡羊补牢不让校长有坐热椅子的机会。结果为了除弊，牺牲了教育的目的。美国著名的心理学家史瓦兹（B. Schwartz）说："规则（rules）可以防弊，但是太多的规则会产生庸才（mediocrity）。"社会一直在变，规则的制定赶不上环境的变迁，更何况再好的规则都无法涵盖所有的情境，机器人为什么不能取代人？因为机器人不会随机应变（improvise），依情境把法条背后的精神实践出来。我曾看过一位小儿麻痹症的女士，因为没有带残障证而不能买残障票，她都必须靠拐杖才能行走了，如果这不是残障，什么才是？眼睛所见的事实难道不及一张纸印的证明书吗？这就是史瓦兹所谓的没有 moral skill，不知如何去做对的事。

这种实用智慧（practical wisdom）的不足是我们社会的一人隐忧，但是这种实用智慧是教出来的，不是天生的（made, not born）。一个有智慧的人不一定是最聪明的人，聪明人没有智慧反而会被聪明所误，但是这个"教"不是在课堂中教伦理学，而是建立典范，改变社会风气。

教育要教学生唯一的东西就是品格（character），学生要学会尊重自己、尊重同学、尊重老师、尊重"学习"。有了品格其他德行自然会出现。当每个人都有实用的智慧时，事情自然就办得好，"行政院长"就不必刻震怒章了。

除了分数，社会对成功的定义也有偏差，一切用钱来衡量，没有给学生一个更高的人生理想。

10 诚信是一切的核心

美国总统奥巴马在二〇一〇年一月八日的演讲中说："今天在教育上超越我们的国家，就是明天在竞争上打败我们的国家。（The nation that out-educates us today is going to out-compete us tomorrow.）"他看到了教育对国家竞争力的重要，我们也看到了，但是我们的教育制度却像病入膏肓的病人，不知从哪救起。

有读者投书质疑高中为何要教这么多、考这么多，他问：这种教法除了扼杀学生的学习兴趣，毕业后，留下了什么？

台大也有教授问：大学生为什么不会思考？中学六年填鸭太久，学生进入大学已经麻痹，即便思考也是基本的趋利避害动物模式，而没有"计利当计天下利，求名当求万世名"那种为天下苍生的豪气，或林则徐"苟利国家生死以，岂因祸福趋避之"那种书生救国的抱负。这种对自己没有期望、对未来没有希望，实比名校不名校有着更大的危机。

最近有个学校学生作弊上了报纸，我朋友问他的孩子：你会不会作弊？他大声说：当然不会，因为我不在乎分数。这话一针见血，学生会作弊是因为他的能力达不到父母、老师的要求，又不敢诚实面对，便只有作弊来逃避惩罚。作弊当然不对，但是我们是否也该检讨为什么这么重视分数？少一分为什么要打一下？学习本有快慢，用同一把尺评量所有的学生是否公平？

除了分数，社会对成功的定义也有偏差，一切用钱来衡量，没有给学生一个更高的人生理想。其实金钱不等于成功，金钱更不等于快乐，人只有做自己要做的事才会快乐，我们应该告诉孩子：假如你每晚都睡得安稳，早上起床时又对一天充满期待，那么这个工作就适合你。年轻时不要太重视金钱，要敢放手一搏，年轻不坚持理想，年纪一大，家累一重，就易对现实妥协，妥协会造成终身遗憾。

我们有时太用世俗的观念来强求自己。有一次报登某人有志竟成，考了二十七次终于考上高考，我替他算一下：大学毕业二十二岁，当兵两年二十四岁，考二十七次高考，岂不是五十一岁了？大好的青春都花在准备考试，没做几年却要退休了，岂不可惜？尤其是如果一直考不中，会不会是因为跟自己的性向不合？在德国，某科考试考了三次未过关，老师就会劝他去试别科，因为这表示他可能不适合这个领域。一个工作不管多有保障，不适合自己也是枉然。

年轻人要有志气，不要只求温饱，苏格拉底说：“有用之人为生活而饮食，无用之人为饮食而生活。”其实，在台湾只要肯做，都能出头。有位更生人，出狱后从洗盘子开始，也洗出了两家餐馆。反而是一再强调生活的保障会让孩子失去追寻理想的勇气，而蹉跎掉一生。

现在的知识经济重视的是创意、创新和创业，但在讲求变中有变的竞争力时，诚信仍是一切的核心，只有童叟无欺，生意才做得长久。今天要与人家竞争，最重要的仍是那个不要考试的诚信。

理想与事实常不符，只要牵涉到人，就做不到公平，因为人有私心。生命到最后，面对的是自己的良心，不是法律。

11 心中的尺不可变

吃午饭时，电视播出以宣告破产逃避欠税的孙某人带着新婚妻子逛街血拼的新闻，大家一阵错愕，立刻群情激愤。有人愤愤不平地说：“这种人不收押，我税缴得不甘愿！”有人大骂法律不公平，单亲妈妈欠了一万二的罚金，连年夜饭都不能吃，被抓去关，要念中学的儿子出来卖饼赚钱把妈妈赎出来，但是欠三亿元的却可以吃大餐、买钻戒、开名车；也有人开玩笑说虱多不痒、债多不愁，关不关其实是看各人的本事。有钱人可以请名律师，钻法律漏洞，逍遥在外；无钱人只好丁是丁、卯是卯，一分钱都逃不掉。

我想起以前上法律系的课时，老师说：“我们都说世法平等，其实这是障眼法，世法是不可能平等的。比如说：河水深四尺，这是法度，对所有人都一样的。但是假如你身高超过四尺，渡河就无碍，水淹不到你；如果身材没有四尺高，这时就要看你游泳的功夫了，有人安全过关，有人溺毙。它还是法，但是八仙过海，各显神通，端看你的本事如何。”

我记得当时听了气愤不已，如果连社会正义最后一道防线的法律都是这样，还念什么法律系？出社会后，经历多了，才了解老师说这些话的无奈。

理想与事实常不符，只要牵涉到人，就做不到公平，因为人有私心。因公忘私、大义灭亲那是理想，偶尔有人做到，便会在历史上留名。

纪晓岚是清朝的名臣，照说他应该是高风亮节，为后世楷模，但是他会被贬到伊犁去就是因为因私忘公。他的亲家是盐官，被御史参一本，乾隆要查。他因为任职军机处，行走上书房，先知道了这件事，便寄了一信警告亲家，信中只有一把盐、几片茶叶。虽然没有字，但是一看就知道“查盐”，对方马上就填补了亏空。这事被乾隆知道后，把他贬到伊犁充军。纪晓岚当然知道不该通风报信，但是想到女儿在他家做媳妇就还是徇私了。曾经有个县官在衙门贴了大字“不要钱、不要官、不要妾”，结果有人在后面用小字添上：不要钱——嫌少、不要官——嫌小、不要妾——嫌老。

现在教孩子最困难的就是举不出好的例子来做他的楷模，因为媒体报导的都是负面新闻。有人说，中国人喜欢圆融，事缓则圆，只要有关系，就是有关系也没关系，如果没有关系，就算没关系也变得有关系，这是不对的。我们要告诉孩子虽然行事可以变通，但是心中的尺不可变，做人还是要非廉泉不饮，非梧桐不栖，贼禄一定不可养亲。

生命到最后，面对的是自己的良心，不是法律。做一个读书人最起码要知所进退，有所为，有所不为。这次“行政院”刘兆玄院长潇洒下台，没有一句怨言，正是中国人说的“得意时勿太快意，失意时勿太快口”。我们终于看到了一个教孩子的好榜样。

专业以外的涉猎与嗜好使我们的心灵有寄托，谈吐风趣，言之有物。人除了专业之外，还有感情，一个人必须先安顿好自己才能帮助别人。

12 学生需要有楷模

有学生写信问我：既然他将来是走专业的路，为什么还需要专业以外的知识？这原因是："在办公室所做的事决定我们的收入和地位，在家里所做的事决定我们是何等人。"

如果一个人的工作正好就是他的嗜好（hobby），那么，做自己喜欢做的事，还有人付钱给你做，这是最幸福的人生。但是一般人常常是不得不做他必须做的事。在做完应做的事之后，如果有个嗜好可以纾解压力、安抚心情的话，人生会快乐很多。这个嗜好可以是阅读、音乐、戏剧，任何能寄托心灵的东西，研究已发现，生活有寄托的人在碰到挫折时，比别人更容易东山再起。同时，我们在专业之外所关心的事决定我们是何种人。

在青少年人生方向尚未定型之时，读伟人传记是一个非常好的指引。我会问学生史怀哲是哪国人，不是要看他能不能背出来，而是他如果仔细读，就会发现史怀哲的国籍是个非常复杂的问题，也是关乎他一生的重要问题，因为他成长的时候正是欧洲列强瓜分弱小民族的时候。读他的传记，不但了解为什么他会流芳百世，同时也了解了欧洲当时的情势。国际化不是会讲英文而已，它是了解各个国家的民族文化背景，使自己在不同的场合中做出合宜的举止与反应。

史怀哲出生在法、德和瑞士交界的阿尔萨斯（Alsace），现在它是法国的一省，但是在一八七五年史怀哲出生时是属于德国（它曾在一八七一—一九一七及一九四〇—四二时属于德国，我们小学时好像都读过《最后一课》这篇文章）。战争残酷、难民颠沛流离的辛苦，使他有悲天悯人的胸襟，他看到列强对殖民地人民的待遇，使他发愿去非洲为黑人服务。他看所有人都是上帝的子民，不因肤色、出生地而有优劣之分。一九五二年他得到诺贝尔奖时，德法曾经为了他是哪一国人发生争议，最后法国赢了，因为史怀哲不认同德国对犹太人的迫害，不愿做德国人。

他有浓厚的音乐素养，是著名的巴赫乐曲演奏家，他去非洲时，巴黎的巴赫学会还捐了架钢琴到非洲，让他在工作之余可以弹琴自娱。音乐对他非常重要，每天不论多忙都要弹一下，就像爱因斯坦每天都要拉一下小提琴一样，音乐纾解压力，安抚心灵，使他活到了九十岁。

专业以外的涉猎与嗜好使我们的心灵有寄托，谈吐风趣，言之有物。人除了专业之外，还有感情，一个人必须先安顿好自己才能帮助别人。人文素养或许与他的专业无关，却与他是个什么样的人有关。史怀哲不只是医师的楷模，他是所有人的楷模。只有透过阅读他的传记才知道为什他受到后人的景仰，自己才知该如何效法他。

当一个教授怎么教也教不完学生一生所需的知识时，老师能做的就是教会学生思考，指出未来的方向，引导学生走上正途。镜像神经元的发现让我们看到模仿是最原始的学习，学生需要有楷模，需要从伟人的传记中培养出“有为者亦若是”的志气！

自重才会带来别人的尊重，别人的尊重又会强化自重与自爱，这是一个良性的循环，造成孩子的好行为。

13 培植自重自爱的转机

八八风灾，看电视的在电视前哭，没电视的在报纸上哭，真是灾情惨重。但是哭完了，日子还是要过下去，现在要想下一步该怎么做，才是积极的做人道理。

丹麦哲学家齐克果说得好："人生只有走过才能了解，但是必须往前看才活得下去。"没有走过，不知人生是喜是悲；走过了，知道了，不要怨叹。牛奶打翻了，哭是没有用的，因为覆水难收，要赶快想办法赚钱再去买一罐新的牛奶。但是必须检讨牛奶为什么打翻，因为"前事不忘，后事之师"，只有确切检讨才能保证下次不会再犯。

这次水灾让我们看到台湾真正的生命力在民间。在第一时间，各个基金会的志工就下到灾区了，他们看到许多灾民救出来后集中在山下学校的操场，在等待回乡或迁村的日子里，一切的不确定性，让人的心定不下来，大人目光呆滞，小孩跑来跑去，空过了时间，浪费了生命。于是他们号召老师与音乐家下去给灾民精神粮食：一天至少一次传统歌谣和舞蹈表演（自己族群的歌声最能抚慰灾民的心灵）、科学游戏、数学概念游戏、儿童影片和经典电影欣赏，还有小提琴家、梆笛家和钢琴家的音乐演奏会和大专生带的团康活动，安排得很人性化又具有教育性。也有基金会请建筑师去灾区勘察，用绿建筑的概念替学生盖宿舍和住宅，实现环保的概念。

当一切重新开始时,我们有机会从生活教育中把品德带起来。尤其在现在，可以先教整洁,因为“整洁为强身之本”,干净就不易生病,水灾过后最怕瘟疫，好的卫生习惯是保护自己最好的方法，人不怕穷，只怕脏。

同时，穿得干净整齐是对自己的尊重，自重才会带来别人的尊重，别人的尊重又会强化自重与自爱，这是一个良性的循环，造成孩子的好行为。如果自己都不看重自己，别人怎么会看重你？这一点很多人不了解，自重自爱其实是品德教育的最基本。

前几天去参加金鼎奖的颁奖典礼，发现有些得奖人没来，请人代领，想不到上台代领的竟然穿着有洞牛仔裤，衣冠不整，随随便便的样子令人诧异。这种对大奖项的不尊重，我还是第一次看到。既然受奖者这么不重视这个奖，“新闻局”又何必花大钱办它呢？劳民伤财还挨骂。如果连大人都不知自重为何，遑论孩子了，这方面的基本教育刻不容缓了。

危机的确是转机，趁着新房子、新教室、新书包、新衣、新鞋时，把整洁的习惯教给孩子，再一步步把青年守则中的传统价值观教下去。

“天作孽犹可违，自作孽不可活”，对天，我们没有办法，但是我们一定可以做到不自作孽。现在就从教育做起，像这些志工一样，每人卷起袖子去参与社会与心灵的重建工作。

年轻人一直是所有政党想要掌握的资源，因为他们有理想、有冲劲。

14 志工带给孩子同理心

最近看到青辅会出了一本志工的手记，非常感动。年轻人的可贵就在他们入世未深，还不知道世道艰难、人心险恶，所以他们天真、纯洁、善良，看到别人有难会义不容辞地帮助，有人溺己溺的精神。因此在教育上，我们应该把握这纯净心田的时期，给他们种下真善美的种子，让他们长大成为有品德、有教养、有同情心的好公民。也因为如此，美国高中有各式各样的社团，学校鼓励学生参加，家长也都非常支持。

社团是个小型的社会，学生透过社团活动找到生命的意义和志同道合的朋友。很多当年社团朋友后来成为终身的好朋友，或最后结成夫妇，因为大家志趣相投。美国大学的入学申请表中也有一项，要列出曾经参加过的社团，以及做过的社会服务。这一项在入学的考虑中占的分量很重，因为以教育来说，品德最重要，学校都希望收到品德好的学生，再在品德的基础上，赋予专业知识，最后成为国家的栋梁。志工服务在医学院和法学院的入学考虑上尤其重要。

年轻人一直是所有政党想要掌握的资源，因为他们有理想、有冲劲。我记得在中学时，学校墙上有个大标语“时代考验青年，青年创造时代”。每次走进校门，看到这句话都觉得热血沸腾，要好好读书，书生报国。现在想起来当年真的很天真，但是也因为年轻人有热情、有理想。

如果能在孩子年轻充满理想与热情时，带领他们做志工，走进服务人群的领域，对他们以后的人生有很大帮助。我们看到在学生时代参加过志工服务的人，长大进入社会后，比较有同情心、有正义感。所以美国肯尼迪总统上任后，成立"和平志工团"（Peace corp），号召年轻人去贫穷国家、落后地区服务。一九六九年我去美国读书时，班上就有两位同学是秘鲁回来的和平志工，他们在班上的表现非凡，也比我们成熟，毕业后求职也很顺利，因为老板知道他们有理想，能吃苦耐劳，愿意栽培。因此，当我看到现在台湾的高中生、大学生去尼泊尔、蒙古等偏远地区服务，或是去山地偏乡帮助弱势儿童或老人时，真是非常高兴。他们终于走出了温室，接受时代的考验了。

我更惊讶的是，给年轻人一点空间，他们的创造力其实非常好。他们到老旧小区，利用四十五天的暑假，制作网页，将小区活动上网，把小区里外改变得焕然一新。并将老的砖厂改头换面，烧出艺术瓷砖，把原本无人要的砖头变成可以登堂入室的艺术品。更感动的是去服务残障和老人的同学，他们的爱心替很多无依老人带来了阳光。一位帮助盲人的高中孩子写道："一个正常人如何才能体会到身心障碍朋友的痛苦呢？"答案是："永远没有办法。"这是真的，除非身历其境，永远没有办法体会别人的痛苦。这正是为什么做志工这么重要，相信她将来在任何行业上都会很体贴、很体谅。

志工带给孩子同理心，希望有更多的学生能去追求课本以外的天空！

了解到人类不过是百代的过客后，我们就懂得不必藏私，反正带不走，不如物尽其用造福他人，而他人的努力又会使自己的下一代过得更好。

15 天生我材必有用，化作春泥更护花

前几天在晚宴时，有位朋友说台湾现在最大的问题是M型社会。这种社会就像一棵树，它拥有越多的树叶就会从太阳得到越多的能量，而越多的树叶也会有越多的落叶，落叶腐化后自然就会有蚂蚁、真菌和蚯蚓来把腐叶转化成肥料，所以它就越强壮。他说越有钱的人越是能得到最多的资源，钱滚钱会使钱累积得越快，最后多到得用麻袋来装。他认为在教育上，家中环境越好的，越有能力补习，越能考上公立的好学校，好学校出来的学生越容易找到好工作，好工作会有好的生活，有好的环境，他的子女就越能补习，如此循环下去，贫富差距就拉大了，M型社会就形成了。他比较悲观，觉得一落入这个恶性循环中，穷人八辈子翻不了身。

我倒不觉得，虽然越有越容易有，这好像是大自然的法则，但也不一定。因为种子一定要落在母株势力范围之外，才不会跟母株竞争阳光、水分和营养。为了使下一代长得更好，越大的树种子越要落得远，这时新种子从发芽起，得独立奋斗，无祖荫庇佑。这样情况所长出来的树反而更强健，不怕风吹日晒雨打。在人类社会中，我们也看到很多富不过三代的例子，《红楼梦》里，

曹雪芹就说“树大必空，盛极必衰”，靠祖荫只能一时，不能一世。树要脱离母株才会发展得更好，人也是要离乡背井打天下，财富才能持久。

从这里看来，大自然还是很公平的。科学家甚至发现森林大火是必要的世代轮替，因为有些种子不易发芽，必须等到大火把它烤过后，坚硬的外壳剥落，里面种子才抽得出芽来。等到它长大，各领风骚多少年后死去，位置由别的树木占据，它的下一代要等到下一次森林大火，才会再出现，这也算是植物界的“政党轮替”。因此，每个人都应该心平气和地充实自己，等待自己的机会，只要不死，总有出头的一天。

其实我们教育要教的，就是每个人都要有“天生我才必有用”的信心。能力强的把自己顾好后，便应该帮助他人，把自己用不到的东西让别人用。社会学家很早就说过，社会能够运转就是社会中每个分子各尽所能、各取所需。当每个人都受过教育、都有能力，他就有机会翻身了。

树死后会化成肥料，让后来的树长得更高大，人也是一样，上一代的努力会让下一代更有发展的空间。外国人说“来自尘土必归于尘土”，中国人也说“落红不是无情物，化作春泥更护花”。树叶和死去的树是森林未来的土地，有这种生死循环，大自然才能生生不息，生是死的开始，死是生的机会。

了解到人类不过是百代的过客后，我们就懂得不必藏私，反正带不走，不如物尽其用造福他人，而他人的努力又会使自己的下一代过得更好。当每个人都能这么想时，M 型的社会就有可能自然消失了。

第二章　学习力

所有成功的人背后一定有个好老师，没有老师启蒙，就没有学生的成就，人师和经师的差别就在这里了。

1 成功者的背后一定有个好老师

今夏在美国进修时，过去念研究所时的所长过世了，同学发电子邮件给所有他教过的人，希望大家来参加他的追悼会。我看了一下时间，人还在美国，地点不太远，便租了一辆车前去参加，顺便看一下老同学。去到会场，果然看到很多同学，其中最令我印象深刻的是珍妮特，从她毕业以后，我就不曾见过她。

珍妮特是我们所谓的绝世美女，长相和气质都像电影明星英格丽·褒曼，她打破了六〇年代“金发女郎是白痴”（dumb blond）的刻板印象。她功课好、人漂亮，是那种在门口一站，就有汽车急速刹车停下来，问她需不需要帮忙的女孩。当时追她的人多如过江之鲫，有个博士班的学生为了追她，曾经请我们全实验室的人去吃龙虾，因为只有这样她才会去。她曾经告诉我她父亲很早就过世，母亲改嫁，所以她只好努力读书，靠奖学金升学，但是一直渴望有个自己的家，有个属于自己的地方。当我们拿到学位去接受博士后训练时，她选择结婚，嫁给一位教授，进入家庭去做另一种的博士后训练。我当时因为穷，没有钱买礼物和礼服，没有参加她的婚礼，但是在学校时很受她照顾，很感激她。

在追悼会上，她站起来感谢系主任对她一生的影响。她说她从小在孤儿院长大，知道要把书读好才有前途，但是待人接物的人生道理并没有人告诉她。当她要结婚时，系主任送她一套精致的磁器餐具，还自愿挽她走过红毯，把她交给新郎（所谓的 give her away）。主任对她说："幸福不是天上掉下来的，要努力谋求才能享有。一个越是被人家看好的婚姻越是会出问题，因为双方都认为自己条件太好，要别人来迁就自己。"

主任又告诉她："第一，要有自己的事业，因为学校里有许多'学术的寡妇'（academic widow，先生要拼升等，整天在实验室加班，连星期六、星期天也不回家，太太每天独守空闺，虽然有先生也好像没有，所以叫'学术的寡妇'）。人一定要有自己的事业，生活才有重心。第二，金钱的本质并非制造快乐，所以金钱不能使人快乐，不要把快乐的重心放在物质或别人上，只有自己才会使自己快乐。婚姻是部磨合机，两块方形的石头最后要磨成圆的，两人才不会吵架。在这磨合的过程中要小心，小洞可以沉大船，不要为钱吵架，金钱不能填补空虚，反而制造更多空虚。人要快乐，必须满足你所得到的东西。"

系主任知道她没有娘家，所以买了套餐具给她做嫁妆（美国女孩出嫁时，家人会送餐具，意思是天天用餐都会想到家人）。主任告诉她：他就是她的家人，有事情尽管回来。讲到这里她潸然泪下，她说她牢记系主任的话，一直没有放弃教书，也努力经营她的家庭。她感谢主任把她当做自己的孩子，在她结婚时，跟她讲了一个做父亲在女儿出嫁时所讲的话，所以今天她千里迢迢坐飞机从纽约来报恩。我们听了都很感动。

有人说成功的人背后都有个女人，这话不见得，因为很多成功的人都是独身未娶。所有成功的人背后一定有个好老师，没有老师启蒙，就没有学生的成就，人师和经师的差别就在这里了。

又开学了，希望每一个老师都能做孩子一生的人师。

教育的钱最不能省，因为心智的启发不能用钱来衡量。

2 偏乡更需要好老师

最近天灾不断，南投县信义乡丰丘明隧道坍方，压死了好几个人，其中有两位的孩子从幼幼班到小六都在东埔小学念书。孩子突然之间失怙失恃，心中惶恐可想而知，大家看了心都不忍，打电话给校长想帮忙，他婉拒了。他说布农族长久以来饱受天灾人祸，已经习惯了在逆境中求生存，他鼓励村民自立更生，确定不行了，才找人帮忙。他说先让事情沉淀一下，看部落自己有没有办法帮助这八个孩子，不足时再告诉我们。“牛饲料吃久了，会忘记它原来是吃草的。”我听了很感动，“自助、人助、天助”，人应该先靠自己。看到这种有骨气的校长，他的学生将来一定会有出息。

每次台风一来，山上就断水断电断道路，老师们要走路上山，不能开车，因为泥土太软，承载不了重量。对山地偏乡老师的补助，我认为可以多增加一些，以留住好老师。我们很难想象入夜以后一片漆黑，没有什么便利商店，要吃根棒冰都得下山的情景。其实山上老师对孩子心智的启发，不是区区一点偏远加级的钱可以买得到的。山上的小学是部落的中心，山上的老师不但是孩子的启蒙师，还是他们的舍监、护士和榜样。学生对老师的依恋常让我们平地人看了心酸，他们有什么好吃的都拿去给老师。但是我们山地的条件太差，常留不住老师，总是刚跟学生熟就请调下山了，有的学生甚至每学期都得适应新老师。

今年暑假去大陆讲学，看到湖北省教育厅长将他们最优秀的大学毕业生送往偏乡去服务，心中非常赞同。越是偏乡越需要好老师，我们应该用软件来弥补硬件的不足。做老师最重要的是那颗心，但是除了满腔的热血之外，主管部门若能多些补助，更容易留住那颗心的主人。

教育的钱最不能省，因为心智的启发不能用钱来衡量。我们怎么知道教出来的学生有一天会发明了阿兹海默症的药，拯救了全人类呢？就算每位山地老师偏远加级的钱增加一倍，都还少于我们为中辍生所付出的社会成本，更何况补助不一定是钱，可以是行政上，如优先派遣出洋进修，研讨会保留名额，或是免费的戏剧、音乐会票（“文建会”的预算中，每年都有编表演团体的支助，但是演出不见得每场爆满，只要保留百分之一的票给山地老师就够了），山地老师买书半折等等。我所看到的老师都很有热情，很有爱心，只要有一点特殊补助，让他们觉得被肯定、被看重，相信许多人是会愿意留下来的。

山地学校教师流动率太高，曾经有到百分之九十，除了校长以外，每个老师都下山了，看到真的很为学生抱屈，谁家愿意自己的孩子每年换导师？但是我们能怪老师吗？谁愿意住在一下雨就坍方、交通断绝、好像孤岛的部落？我们要想办法留住好的老师，更要选拔好的山地校长。这次中秋节大台风，山地断水断电数日，有位校长传了一个简讯下来：“没有电，月亮分外明，使我想起没有电的小时候，黑夜在山上奔跑，跟我爸爸猎飞鼠的情形，很快乐。”

这种校长就是我们要找到、要留住的校长。

山上的孩子不是二等公民，我们没有办法使台风不来，但是我们可以使他们在学习上享受到跟平地一样的资源，包括老师在内。

学习最重要的是情绪和动机，越紧张越读不下，还不如起来走一走，动一动，等心情放松再回去念。

3 让学习弹性不疲乏

最近有位高三的同学写信给我，说越到高三，越知道升学的重要性，却越对老师用参考书教学感到厌烦，学习的欲望越来越低，不喜欢的科目也越来越多。她说她不明白，既然大多数人都知道运动会增加大脑的血流量，使脑神经活化，对学习有益处，防止负向情绪产生（因为运动会产生多巴胺，使心情变好），同时有效降低压力，为什么反而不让高三学生做运动，把体育课调来上英文、数学？她说每天十五小时坐在书桌前时，有读没有进，浪费时间。但是只要站起来动一下，就马上被老师骂："已经高三了，还不赶快去读书。"好像是读书的机器。她问："当今日的我只剩下动物的本能，空洞的活着，像个行尸走肉时，活着还有什么意思？"

这封文情并茂的信，看了让我悚然而惊，我们该怎么帮助这些可怜的学生呢？我想或许我们可以这样做。第一，让学生知道，考上了大学，没有人管你高中念什么学校；拿到了博士，没有人管你大学念什么学校。出了社会以后，老板在乎的是你真正的能力，学历在一开始求职时会有帮助，但是现在大学大量增加的结果，加分的程度有限了。我们实验室就喜欢用自己会动手做的研究生。许多成功的人物都不是明星学校毕业的。

第二，学习最重要的是情绪和动机，越紧张越读不下，还不如起来走一走，动一动，等心情放松再回去念。人在紧张时会产生压力荷尔蒙，我们的身体会马上从原来的副交感神经变为交感神经主导：心跳加快，血液从大脑流向四肢，准备逃命，脑中一片空白，这时读书就没效果了。做一件事，如果把成败挂在心中，这件事通常是做不好的。

第三，运动对三年级的同学来说，甚至比数学英文更重要，因为只有在身体处于最佳状态时，读书才会事半功倍。如果运动可以纾解学生压力，增进学习效果，老师为什么不让学生动一动呢？读书绝不是坐在书桌前就是在读书。所以体育课千万不能挪来补课，不但不能，还应该让三年级学生每上两节课就做一下课间操，舒活一下筋骨，清醒一下头脑。

至于越念越不想念，这是“饱和”（satiation）的作用，一直看同一本书会感到厌倦，大脑的记忆力会下降。在实验中，如果一直给学生看花卉名称，请他们去记，连看三十几个以后，回忆会下降。这时如果改换家具名称，学生的记忆又会好起来。所以，不要一直念同一本书。最好看跟主题相关的课外书，因为殊途同归是最好的理解方式。从不同的角度来看同一件事情，最能使我们窥到全貌。

另外，学习不一定要在教室中发生。云林有位教高职夜间部后段班的老师，为了使他的学生学习，想出了一些好点子，他把打瞌睡的全班学生带到操场，做考卷接力赛，即第一个人写完后，立刻飞奔将考卷和笔交给第二棒，第二棒做完后，立刻交给第三棒，最后看哪一组最早回到终点，得胜者老师请吃披萨。这时全班学生都醒来不打瞌睡了，焦急的解题，快步的飞跑，很快就把该学的学完了。

所以，对已经弹性疲乏的学生，老师可以想些别的方法来帮忙，但是最终要告诉孩子，人生很长，没有输在起跑点这回事。放宽心，天地自大。

考试只是评量的一种方式，不是唯一的方式，更不是最好的方式。公平和公正有差别，叫老鹰和小鸟一起飞是公正，但不公平。

4 《成绩单》：一则抵制分数的故事

在捷运上，一位母亲愤怒地对她儿子说：“你为什么总是考得这么烂，补这么多习都没有用，笨得跟猪一样。”她连骂了三次猪，儿子气不过，就顶回去说：“我考不好，你说我是猪，我考得好，你又说我是猴子称大王。你究竟是我妈还是动物园园长？”旁边的人都忍不住笑起来。站在我旁边的同事，从背包里拿出一本书——《成绩单》，说：“这是我儿子叫我看的，我已经看完，你要不要也看一下？”我回家把它看完后想道，或许我们也该来发动一个抵制分数的运动。

这个故事大意是说，大人都是以分数来评量孩子，成绩好，就是好学生，不管他平时是什么行为，成绩不好，就被人看不起，在班上变成被嘲笑的靶子。诺拉是个高智商的孩子，不忍看到同学史蒂芬因为成绩不好，整天被人捉弄。所以她就故意考不好，希望老师和同学不要以分数取人。当然，一个好学生，功课突然一落千丈时，会引起校长、老师、父母的关心，故事发展到最后，全班抵制考试，抗议学校考试内容都是记忆式的，只重视分数。社会科考“经济大萧条开始时，美国的总统是谁？”学生就答“唐老鸭”“猫王”，全班考零分。

于是事情大条了，督学来了，全部的家长都来了，三堂会审，审诺拉和史蒂芬。书中有几段话很发人深省。

台湾很多老师以考倒学生为原则，越是明星学校，题目越是出得难，常听到学生说能考个七十分就不错了。但是考试的目的不是想知道学生学到了什么吗？考得很难会失去区辨力，只会使学生感到挫折而已，并没有任何好处。我们一定要记住。“考试只是评量的一种方式，不是唯一的方式，更不是最好的方式”。公平和公正有差别，叫老鹰和小鸟一起飞是公正，但不公平。

诺拉说得好：“有件事大部分学生都没有说出来，就是成绩差常让他们觉得自己是笨蛋，但这不是真的。好成绩会让另外一些学生以为自己很优秀，可是那也不是真的。所有学生都开始竞争、比较，聪明的学生觉得自己更聪明、更优秀，十分高傲自负；普通的学生觉得自己很笨，好像自己一无是处。而本来应该帮忙孩子的家长和老师并没有帮上忙，只是增加更多的压力，还制造越来越多的考试而已。”这段话把很多孩子的心声讲出来了。

幸好不是所有的老师都赞同这种方式，有个管理图书馆的老师，就不赞成学校要她依学生运用图书馆的表现打成绩。她说图书馆不是为此而存在的。其实阅读课要打成绩也跟上图书馆要打成绩一样荒谬，阅读的目的不是写报告，它把一件很愉快的事变成负担了。难怪一个学生说中国人最大的本事就是把所有愉快的事都变成功课。

中国人常常只重视最后的结果，不注重过程。其实，学习是最不能只看“最后结果”(end result)的一件事。因为学习跟神经回路连接和固化(consolidation)有关系，这两件事都需要时间来稳定。我们的学习曲线不是一条直线，它是贝壳状的，学一阵子后，上升一个阶段，再一阵子，又上升一个阶段，它不是立竿见影的，所以不能性急。每个人学习的速度不同，定期的考试对学习慢的人就不公平，他不是笨，他可以学，只是需要的时间比人长而已。

分数的迷思已经残害了很多孩子身心的健康，是该停下来检讨的时候了。

一周只要运动三到五次，每次三十到四十五分钟，就能大大提升孩子记忆、注意力和教室行为的正向效果。

5 零时体能运动的启示

一位外国教授来台访问，告诉我在飞机上看到鼎泰丰的小笼包广告，说每个包子都有十八个褶，他很好奇，人的手怎么能做得跟机器的一样？所以我就选择了鼎泰丰为他洗尘。在等待上菜时，他告诉我，他觉得台湾学生现在比过去胖，他十年前曾应邀来台讲学，觉得那时学生胖的不多。他接着告诉我，多年前他们曾在芝加哥附近的一所中学做过一个体能的实验，效果非常好，学生既减了肥又增加了学习效果。

这个计划叫“Zero Hour PE”（零时体育课），这个“Zero”（零）是指还未正式上第一节课之前的体育课。学生一早七点到校，先跑操场、做运动，再开始上课。除了运动，这门课还教孩子如何监控自己的健康，培养正确的健康习惯。最主要是他们希望让孩子看到运动能改善情绪，不会动不动就发脾气，因此可以改善人际关系，使孩子交到知心朋友。青春期的孩子最重视的是“人气”，所以就肯继续运动下去，一旦养成习惯，不运动会不舒服之后，大人就不必操心了。孩子不但可以少生病，还可以节省许多慢性疾病，如忧郁症、失智症所造成的社会成本。同时有好的体魄才能把所学的知识、技能长久地应用出来。

这位教授说一开始时，家长很反对，怕运动完累了，孩子上课会想睡，想不到运动完，学生反而更清醒，因为运动时促进多巴胺、血清张素和正肾上腺素等神经传导物质的释出，会使情绪正向、精神亢奋、心情愉快。一学期下来，这组学生的阅读、理解能力比正规上体育课的学生高了百分之十，而且因血气方刚、一时冲动的打架事件也减少了。在全美百分之三十的人过胖时，他们学校只有百分之三。所以现在家长不再反对，反而早早把孩子送来学校运动，现在美国已有很多州在推动这个零时体能运动。

研究者也发现在史丹佛成就测验（Stanford Achievement Test, SAT）中，那些体能好的学生数学胜过全体的百分之六十七，英文胜过全体的百分之四十五。二〇〇四年由小儿科医生、认知科学家等组合的团队对学童健康做了一个评估，发现一周只要运动三到五次，每次三十到四十五分钟，就能大大提升孩子记忆、注意力和教室行为的正向效果。现在治疗过动儿所用的利他能(Ritalin),是借由刺激多巴胺的分泌来达到抑制注意力不足和过动的目的；忧郁症者所服用的百忧解（Prozac）则是阻挡血清张素的回收，使它们在大脑中比较多。假如运动可以达到同样药效，又何必服药呢？因此现在医生很鼓励病人用运动的方式来减少药物的服用，甚至替代它。对于现在教室中越来越多的注意力缺失和过动学生，这不失是一个减少父母忧心、减轻老师压力的好方法。

看到运动对学生学习和行为的好处，学校体育课节数不但不该减少，还应该增加才对。运动绝对比吃药好，我们应该让孩子用最自然的方式来提升他的体能与学习效果。

他就这样走入了阅读的世界，书本打开了他的心胸和眼界，人生从此不一样了。

6 一本书改变了一个孩子

六月是毕业的季节。

在走廊上看到一个穿着学士服的男生在徘徊，头上冒着汗却不肯把学士服脱下来，心中暗叹：“人都是到要离开了，才会珍惜。”想不到他一看到我，立刻迎上前来，叫道：“老师，你不认得我了吗？”我看了看，今天这样穿戴的学生太多了，真的不认得，只好诚实地承认。他很惊讶地说：“我就是那个你不准假，说哪有每天死人的XXX呀！”他一讲，我想起来了。

我的课不准学生无故缺席，因为学生能到大学来上课不是只靠父母缴的学费而已，还包括很多其他纳税人的血汗钱，才能让一个学生使用到很多仪器、有很多老师来教他，无故缺席会对不起替他缴学费的纳税人。这个学生一学期请了三次丧假，到第三次时，我不准了，要他拿死亡证明书来。他才告诉我，他从小到大已经参加过三十次以上的葬礼，族人都短命，又都牵亲带戚，所以有族人死亡，他一定要回去跟亡者说最后的话，同时族里青壮者不多，也需要他的帮忙。问他为何死亡率高，他苦笑说山上没有工作，除了务农，没有生财之道，族人都是念完中学就下山去打工。最近景气不好，失业的都回来，心情不好就借酒消愁，喝醉了开车就容易出事。不过这次请假是因为他的叔叔死于肝硬化，他叹着气说：这是原住民的宿命。

我听了很伤感，又看他相信宿命论，便拿了一本《一个印第安少年的超真实日记》（木马文化出版）给他看，这本书在美国是畅销书，作者的经历跟这孩子很像。我跟他说：你可以加分进来，但是不可以加分出去，没有什么叫宿命，“造命者天，立命者我”，你要像这本书中的孩子一样证明给自己和人家看，原住民不是笨，只要有相同的机会就会有相同的表现。你一定要凭自己的本事念到毕业。

我跟他说四十年前我去美国留学时，所处的情境跟他一样，恐怕还更差，因为我们没有钱，英文又只有中学学的六年而已，但是我们都在他乡异地生存了下来，还执了教鞭。可见事在人为，人只要没有退路便能成功，千万不可自暴自弃。我叫他好好看这本书，他会在书里看到他现在所面临的一切，所谓不可抗拒的“宿命”，跨了半个地球，美国的原住民孩子也经历到，但是贫穷不可怕，穷而无志才可怕。叫他一定要找出人生的目的来。

后来他写了一封长长的电子邮件来，说当他看到作者哀求父亲载他带生病的小狗去看医生，因为小狗口吐白沫、眼睛翻白，父亲听了二话不说，返身进屋拿了一把枪出来时，他放声大哭，因为他的狗也是这样安乐死的。当人都没有钱看病时，哪里顾得到狗呢？他开始认同主角，融入书中情节，相悲亦悲，相喜亦喜，最后要求我再推荐给他一本书。

结果，他就这样走入了阅读的世界，书本打开了他的心胸和眼界，人生从此不一样了。所以他今天特地穿着学士袍来让我看，他凭着自己的力量毕业了，同时告诉我他认同了他的原住民身分，也接受了上天对他的磨练。

我送走他，回到办公室，对这本书一鞠躬，感谢这本书改变了一个孩子。阅读永远是给孩子最好的礼物，它的力量永远不可忽视。

没有人可商量的孩子是天下最可怜的孩子，他会觉得孤单无助，通常这是孩子最需要大人的时候。

7 怎么罚，学问大

最近在报上看到有个中学生因为没写作业，被老师罚请全班同学吃糖，他没有钱买又不敢跟家里讲，便去超市偷，结果被逮到，上了报纸。

自从不准体罚以后，如何惩罚学生，既要达惩戒的目的又不失教育的真谛，是个头痛的问题。我认为罚劳役，把教室玻璃擦明亮、把学校楼梯仔细打扫干净（很多校园中没有落叶，但是楼梯却很脏）等等，是个可行的方法。因为洒扫本来就是古人教育孩子的方式之一，儿童进私塾就是先从扫地学起，而且扫地比罚站、罚写好，因为罚站对社会没有贡献，只是浪费了那个孩子的时间（面壁罚站的孩子很少在思过，如果思，也是在思别人的过）；罚写更会使学生痛恨作业，原本就是为了没写作业而被罚，再罚写就更加痛恨作业了。

实验已发现学习跟情绪和动机有关，清扫环境的好处是在清洁的环境中情绪比较好，学习的效果会比较好。这个实验做法是给学生一根蜡烛、一盒图钉，要学生想办法让蜡烛站在墙上。在解决问题之前，先给一组学生看一部喜剧短片，另一组是看教学短片。结果看喜剧的那一组有百分之七十五的学生想到把图钉倒出来，用两根图钉把图钉盒钉在墙上，再把蜡烛站在图钉盒上，完成任务；而看教学影片的那一组只有百分之二十的人想到解决的方法。

罚请吃糖不好的地方是没有罚到孩子，却罚到了父母亲。因为孩子还不会赚钱，用的是父母的钱，父母的血汗钱没有用到对的地方，可惜了。而且罚请吃糖对孩子来说不痛不痒，下次还会再犯。若是像这个孩子没有钱又不敢跟家里讲，逼上梁山时，就只好去偷，犯下了一辈子遗憾的错。

其实，零用钱是把双面刃，有利有弊。有人赞成给孩子零用钱，可以从小教他经济的概念，但是孩子常会认为我的零用钱就是我的钱，我要怎么用是我的自由，父母管不着。例如朋友的女儿用零用钱去买言情小说来看，她母亲把书丢掉禁止她看，女儿认为母亲毁坏她的东西、侵犯她的权益，竟然扬言要去告母亲。有人做家事给钱，但这会养成孩子没钱就不做家事的错误心理，忘记了家是大家的家，住在里面的人都有责任把它清干净；也有人是孩子考一百分给钱作为奖励，虽然钱是有效的动机驱力，但这也会给孩子错误观念，不给钱就不念书，以为念书是为父母念的，不然为何考好要给钱呢？

这件事最严重的警讯是孩子在学校的事不敢跟家里讲。我觉得没有人可商量的孩子是天下最可怜的孩子，他会觉得孤单无助，通常这是孩子最需要大人的时候，大人应该指引他正确的解决问题方法，告诉他是非对错。教导孩子是父母的责任，责无旁贷。

这件事老师、家长和社会都要检讨。老师需要知道什么是最有效的处罚方式，父母需要反省管教方式是否得当、为什么孩子有事不敢跟家里讲，社会需要反省为什么长到十三岁的孩子还不知道偷窃的严重性？误以为做坏事不一定会被抓到，可以侥幸？这个社会是否没有给孩子一个正确的价值观？

现代父母很少像我父母那一代长篇大论地跟孩子说话，现代人时间有限，连吃饭都盯着电视，没时间跟孩子说话。

8 读报累积词汇

今年元旦破例有四天连假，在二〇〇八年最后一天上课时，我感受到课堂上弥漫着一股掩不住的兴奋气氛，因此也就提早了十分钟下课，让学生去赶车回家过年。一个学生兴冲冲地走来向我道别，说他今晚要“衣锦还乡”了。我听了很惊讶，向他恭喜，问他得了什么大奖？现在轮到他惊讶了，突然之间，我明白了，他误用了成语。为了怕他难堪，我急忙用别的话语掩饰过去，但是心情却不由自主地低落下去。

回到办公室，忍不住跟同事说，他听了哈哈大笑，说：“这种事见怪不怪啦！你要例子，我给你一箩筐。”他告诉我，连出版社的编辑都误用“始作俑者”，把它当做赞美的话，称赞第一个发明某个东西的人，完全不知道在《论语》中，这句话后面接的句子是“其无后乎”，是孔子责骂发明陪葬制度的人。他说他打电话给出版社的老板，跟他说“老兄，这太过分了吧！”老板无奈地说，这编辑是大学毕业的，平日自视甚高，认为自己是科班毕业的，她自己译、自己编，不容别人置喙。

我们两人一同摇头，关灯离开。在电梯间，他开玩笑地说他决定自己写讣闻，免得被孩子弄个四不像，让他在地下生气。虽说是笑话，却让我步履沉重。我们的孩子念书念得这么辛苦，却没有念到一个知识分子应该有的中文水平，这是为什么？问题出在哪里？

现在已经没有多少大学教授敢出问答题了，虽然明知问答题才能真正知道孩子学到了多少，但是都不敢替自己找麻烦，因为答非所问，词不达意，改卷子只有一“惨”字可形容。我想起我小时候，成语的习得是在日常生活中听长辈谈话、从阅读书报中自然学会的，有些成语的用法很微妙，带有负面的意思，必须从情境中、上下文之间的文意体会，不是光靠字面可以知道的。

现代父母很少像我父母那一代长篇大论地跟孩子说话，现代人时间有限，连吃饭都盯着电视，没时间跟孩子说话。有人说，现代父母跟孩子说话都是命令句：赶快去做功课、赶快去……用的是重复的句子，无法增加孩子字汇，加上课业重，没时间读书看报，就难怪现在孩子作文作不出来，词汇贫乏，每天说话用来用去就是那几个字：酷、夯，形容词都不见了。

曾经有人发起读报运动，每天让孩子读《国语日报》。以目前情况来说，这是非常理想的补救方法，但是在很多偏乡的小学并不是每班有《国语日报》，很多学校全校甚至连一份《国语日报》都没有，即便有，也是贴在布告栏上，矮小的低年级小朋友看不到（我曾看到一个三年级的哥哥抱一年级的弟弟，让他看布告栏上哥哥的名字有在《国语日报》上登出来）。或许可以把放烟火的钱省一些下来，让偏乡的每个小学生都能看到报纸（每班一份即可，但是千万不要叫孩子写读报心得）。

词汇是累积的，它需要时间，一句成语必须在很多不同的情境中出现，孩子才能领悟到它的正确用法，才不会用错。读报是接触各种词汇最快、最容易的方法，希望新年新希望，每个偏乡的孩子都能有好报可读。

中国人说"天地君亲师",老师的地位在五伦之中,仅次于亲,实在是很对。

9 一点巧思，无趣变有趣

有一天在《联合报》副刊上看到任祥女士写的一篇好文章，她说过年时，任、姚（她的先生是著名的创意设计大师姚仁喜先生）两家聚餐，人口众多，排位不易，她便在客人进门时，请他自抽对联的一半，如"天增岁月人增寿"，然后请他到酒席上去找"春满人间福满门"，找到了，就是他的位子。这个法子非常好，一方面解决了排位的问题，另一方面增加了孩子春联的知识。中国人请客，谁应该坐哪里是个大学问，安排不当会得罪人，一顿饭，入席通常要去掉半个小时，实在浪费时间。现在让几率去安排，谁都没话说，真是巧思。同时它让孩子在不知不觉中，学到了中国对联之美。真是寓教于乐、一举两得。

大人用点巧思常可以把无趣变有趣。美国复活节时，学校都有找彩蛋的活动。我孩子在小时候很喜欢找，但是长大一点，智慧渐开之后，便觉得找彩蛋很无聊，尤其彩蛋是白煮蛋，不好吃，他们常常找到了就随手扔，不珍惜。后来老师看到了，便把它变成海盗寻宝:他们先在班上读史帝文生（Robert Louis Stevenson）的《金银岛》(Treasure Island)，然后全班假装是海盗，依老师画的地图去寻宝。老师也特意把地图的纸边用火柴烧焦，使它看起来很像古老的地图，增加寻宝的真实感。他们找到的彩蛋不许扔，带回教室，老师教他们做魔鬼蛋（devil's egg），即把蛋壳剥去，对半切开，蛋黄挖出来，加上美奶滋和盐，拌匀后放回蛋白中间原来的位置，这时白煮蛋就有味道，孩子就喜欢吃了。

我看到同样一件事，大人只要稍微用点心，就能化腐朽为神奇，把孩子的兴趣带起来，同时让他在做的过程中建立自信心，觉得自己很能干，以后就更愿意学新的东西了。中国人说“天地君亲师”，老师的地位在五伦之中，仅次于亲，实在是很对。孩子需要教，不教不成材。前几天，我在堂哥家过年，看到侄儿打开大瓶可乐之后，没有马上把盖子旋回去，堂哥就说：“液体的东西，盖子要立刻旋回去，因为覆水难收，万一打翻就捡不起来了。”刹那间，我仿佛看到我父亲的影子，因为我小时候，父亲也是说同样的话，而且如果是粉状的东西，在装罐时，底下一定要垫一张纸，因为粉也是捡不起来的。垫张纸，装完后，把纸卷成漏斗状，轻拍，原来漏出的粉就全部回到罐子中，一点都不浪费了。这些看似小事，其实都在教孩子做人做事的道理，凡事要未雨绸缪，永远要想到万一的情况。

堂哥的话显然来自我祖父，因为堂哥生在印度尼西亚，跟我有很不同的成长环境，但是叔叔和父亲都受到祖父的教诲，他们又把先人的智慧透过日常生活的教导，传到下一代。过去常听人说大户人家的孩子走出来不一样，其实它不是别的原因，应该是父母不必忙衣食时，比较有时间教导孩子生活的礼仪和做事的方式。教多了、听进去了，自然做出来的行为就不同了。

最近很多父母因为新流感防疫假被迫休假在家，不妨利用这个机会陪孩子玩，跟孩子谈一下自己的人生经验。孩子是我们一生最重要的投资，任何可以教育他的机会都不要放过。

运动完的人脸都是温和的，没有愁眉苦脸的。

10 用运动提升学习力

在一所山地小学，看到大清早校长带着全校学生跑操场，校长说：“我们布农族是猎人，短小精壮，没有胖的，现在孩子这么胖，会让祖先蒙羞。”所以他要孩子锻练体魄，上、下午都各跑操场三圈。他说一开始时家长反对，早上本来就叫不起来上学了，再跑三圈操场，回到教室岂不是正好睡觉？结果恰恰相反，孩子跑完之后精神亢奋，上课反而专心了。

我听了很高兴，因为他的话验证了实验上的发现：运动可以促进血清张素、正肾上腺素和多巴胺等神经传导物质的分泌，尤其多巴胺和血清张素跟我们的情绪有直接的关联，运动完的人脸都是温和的，没有愁眉苦脸的。运动使学生情绪改善，不会动不动发脾气，减少班上学生冲突。二〇〇〇年杜克大学的研究发现让忧郁症的病患大量运动，跟服用乐复得锭（Zoloft，一种抗忧郁症的药）的效果一样好。

在运动时，心跳加快，快速运输带氧的血液到大脑去，使思绪清楚，学习效果更好。最主要是科学家发现，运动会增加掌管记忆与学习的海马回中一种帮助神经生长的蛋白质 BDNF（brain-derived neurotrophy factor，脑衍生神经滋长因子）的活化，它会带动几种荷尔蒙的分泌，如：第一类型胰岛素生长因子（IGF-I）、血管内皮生长因子（VEGF）和纤维母细胞生长因子（FGF2），它们会和脑衍生神经滋长因子合作，启动学习的分子机制，并促使干细胞分裂。

脑衍生神经滋长因子会帮助大脑增加第一类型胰岛素生长因子，启动神经元，制造出跟记忆有关的血清张素和麸胺酸，这两种神经传导物质会刺激更多的脑衍生神经滋长因子受体出生，增加神经元之间的连接，形成长期记忆；血管内皮生长因子会在大脑中建造更多的微血管，因应运动时细胞对血液的需求，纤维母细胞生长因子在运动时会大量分泌，促进组织生长、增加记忆的长期增益效应。

当我们年纪渐大时，这三种生长因子和脑衍生神经滋长因子会自然下降，神经新生的情况也慢慢减少，但是假如我们持续不断运动，就能增加这四种生长因子的含量，即可减缓老化。所以现在欧美各国都尽量鼓励老人运动，因为可以节省阿滋海默症、巴金森症、忧郁症及老人失智症等慢性疾病的社会成本。我去德国开会时，看到瑞典的研究者追踪七十五到九十五岁的老人，发现只要每天运动四十五分钟，他们大脑中白质（神经纤维）的下降率就马上变得平缓，非常令人震撼。我们问：瑞典苦寒，一年九个月冰天雪地，老人怎么运动？原来他们每个小区都有温水游泳池，游泳是最适合老人的运动，不像跑步会增加膝盖软骨的负担。

运动提高人的警觉性、注意力和动机，使心智优化，还能促进神经细胞的连接，帮助接收新的讯息，并产生新的神经细胞以接受更多新的讯息，使思想灵活，有创意出来，真是好处多多。

台湾各个小学的运动设备都非常老旧，不时发生运动受伤、甚至死亡的事情。或许教育机构可以拨一笔经费，用运动把台湾学生的学习提升上来。

美意不一定会得到感谢，在善门大开之前，要先评估优先缓急之序，并顾到社会的公平与正义。

11 给偏乡的孩子一个机会吧！

很多人不解，主管机构美意要让所有中小学的学生吃免费的午餐，为什么有这么多人不领情，上网反对？在去过一些离岛和偏乡的学校之后，才知道美意不一定会得到感谢，在善门大开之前，要先评估优先缓急之序，并顾到社会的公平与正义。

例如，我看到离岛有一所中学的围墙摇摇欲坠，一段新，一段旧，一段倾倒，好似京戏中乞丐的百衲衣。校舍是海沙屋，龟裂漏雨，厨房也是，不敢想象下雨天烧出来的营养午餐如何吃。

在主管机构全力推运动，科学家也发现运动对学生学习的效率及教室秩序的维持有帮助的时候，那所学校的体育馆在八年前被台风吹毁后就无力再建。离岛风大，夏天日晒炎热，冬天寒风刺骨，所以有能力的家长纷纷把孩子转到设备较好的学校越区就读，剩下来的是经济能力不许可的弱势孩子。这些孩子的运动表现非常耀眼，在没有操场的情况下，拿过标枪、铁饼的冠、亚军，个个黝黑、善跑。这所学校没有跑道，跑道在十五年前整修过后，因无钱维护，现已看不到了，变成一片大草原，杂草蔓生，只差风吹草低见牛羊，真是令人啧啧称奇。

我看到学生在草原上打垒球，但是因草地不平（云雀做窝），有许多凹洞，学生抢垒时会摔跤而脚踝受伤，老师说上体育课是“危机四伏”。但是因为学生人数只剩四十五人，主管机构认为人数太少，不符成本效益，所以学校申请不到钱整修。因为设备不好，学生会流失，学生流失就越不可能拿到钱改善设备，恶性循环下去，就变成现在这个样子。

问题是这四十五名学生也是我们未来的希望，为什么他们的希望就要比别人黯淡呢？讽刺的是，我从学校出来经过该岛的地方“法院”，看到七亿二千万盖的巍峨大厦，但是里面只有七十九名员工使用而已，两相比较真是天壤之别。

最近在报上也看到苗栗的老师读者投书，希望主管机构把全面补助中小学营养午餐的钱拿一些来修缮学校设备。他们学校三个篮球场都坏了，学生打球会受伤，礼堂漏水、图书馆没书，他们也没有室内体育馆，下雨天就只好自修。其实这个现象在所有偏乡的学校（所谓“不山不市”，不是山地、不是都市）中都有看到，它不是例外，而是常态。

当大都会的孩子把鸡腿便当整盒丢到垃圾筒去时，为什么我们该替他们出午餐钱呢？钱要用在刀口上，给最需要的人一毛钱胜过给富豪十块钱，前者会终身感激你，后者不屑一顾。为什么不把给富人的午餐钱拿来替学校好好盖一座操场或跑道呢？“彼亦人子也”！在分配资源时，请多替偏乡、离岛、山地的孩子想一想，给他们一个机会吧。

七田真没有了解实验的做法，随便乱引申，加上一般民众对大脑不了解，才会变成现在坊间流行的左脑语言、右脑图形的“超右脑革命”谬论。

12 动脑才能有志竟成

有个学生告诉我她改名字了，因为心想事未成，年头许的愿到年底了都还未实现，所以去改运。我很讶异她的天真，“心想事成”是祝福的话，在真实世界是“有志竟成”才会成功，就算有天命，没有尽人事，天命也不会实现。“造命者天，立命者我”，祸福是一枚铜板的两面，福兮祸所倚，祸兮福所伏，不然怎么会有“否极泰来、乐极生悲”的成语呢？

在校车上和同事谈起这件事时，大家都很忧心现在计算机的虚拟世界对学生真实生活的影响。很多学生已经二十岁了，还不了解面包不会从天上掉下来，必须辛苦耕耘才有收获。他们对犯了错好像也不在乎，不去追究为什么错，所以许多错是一犯再犯。有位老师说：现在的孩子越来越不热中学习，他们觉得书有看就好，不是很在乎有没有了解书中意思。老师教什么就学什么，老师不教自己也不会去找来看，考试也不求高分，及格就好。凡事要求速成，最好像《杰克与魔豆》中的魔豆一样，一撒下去，种子立刻发芽长到天上，一蹴就登天了。现在计算机又可以合成图片，以假乱真，益发使学生分不出什么是真、什么是假，连价值观都混乱了。这些话听了令我胆战心惊，因为我已看到这种不求真、不追究的态度反映在做学问上了。

台湾坊间有许多迷思，受害的不乏高级知识分子，一个原因是不求真，随便相信别人的话，自己不会去反思求证，日本七田真“超右脑革命”的论点能在台湾广受欢迎，就是一个很好的例子。他所引用史培利（Roger Sperry，一九八三年诺贝尔生医奖得主）实验的受试者是癫痫的病人，不是正常人，也不是儿童。史培利在一九七六年把药物不能控制、也无法开刀切除放电部位的癫痫病人的胼胝体剪断，使左右脑半球各自独立出来，病人发作时，身体的一边会抽搐，但是因为胼胝体这个联结两个脑半球的桥断了，电流过不去，另一边大脑是好的，就没有倒地大发作。史培利用这个方式控制癫痫。七田真没有了解实验的做法，随便乱引申，加上一般民众对大脑不了解，才会变成现在坊间流行的左脑语言、右脑图形的“超右脑革命”谬论了。

其实右脑有语言，只是不会说话而已，因为发声的语言中心在左边，右脑是看得懂字的。而且我们的讯息并非左眼传送到右脑，而是左视野传到右脑去处理，左眼与左视野完全不同，左视野是两个眼睛的右边投射出去所看到的地方。真是“失之毫厘，差之千里”，这种以讹传讹的结果使我们的孩子受了无谓的罪，右手写字就已经写得不好看了，还要用左手写；两只眼睛看都看不清楚了，还要每天戴着眼罩做独眼龙，用一只眼睛看。

葛拉威尔（Malcom Gladwell）在《决断两秒间》中说：要成功需要一万小时的努力，如果一天工作三小时，需要持续做十年才有可能看到成果。不努力，只去改运岂不是缘木求鱼？面对在哆啦A梦世代长大、以为什么事都只要计算机重新启动就会把前面的一笔勾销的孩子，我们该怎么教呢？

嗅觉是提取记忆最强烈的一道线索。

13 “窗明几净”大有关系

一位年轻的校长愁眉苦脸地跟我说，他最近调到一所偏乡的小学，八月一日上任时，差一点没有被学校附近的秽气熏昏。偏乡人口少，大片的地在养猪、养鸡，没有清洗时臭气熏天，他上班第一天就头痛得回家了。他问臭气对孩子学习有影响吗?

嗅觉是提取记忆最强烈的一道线索，果蝇在有香草味道的房间被电一次后，下次会避开有这个味道的房间；美国有位越战的退伍军人考进了医学院，念得很不错，到医院实习时，一切都好，后来轮调到外科，外科医师通常会用电烧血管以止血，他走进去时，闻到开刀房惯有的人肉焦味，一刹时，越战杀戮现场所有的血腥回忆都回来了，他捂着脸夺门而逃，整个人为之崩溃，只好休学。

嗅觉是五种感官中，唯一不需要经过中途站（下视丘）直接到达终点（杏仁核）的一个感官，而杏仁核是大脑中掌管情绪的中心，它产生情绪并制造情绪记忆，这是为什么嗅觉是提取记忆很有效的线索。别的感觉细胞都有保护：触觉的受体有皮肤保护，眼睛的有角膜保护，听觉的有耳膜保护，只有嗅觉受体是暴露在外，因此它也最敏感。澳洲有个原住民可以用嗅觉分辨人，有一次有人进入他的房间偷东西，他凭着房间中一些淡微的人体味道，抓出小偷。

嗅觉与情绪有直接的关系。有个实验：在百货公司的女装部喷上玫瑰的香味，结果发现销售量增加了百分之六十；男装部则喷的是肉桂加蜂蜜的香味，销售量也增加了一倍。人闻到香的味道时会不由自主地微笑，所以曾经有人在纽约地铁站喷巧克力饼干的味道，发现推挤、打架等暴力行为减少了很多。

人非常容易受情境的感染，环境乱七八糟，学生的行为也就乱七八糟了，好像人家不在乎他，给他一个猪的环境时，他也不看重自己，不知不觉地自暴自弃，最后就堕落成猪了。虽然人的感官有“入鲍鱼之肆，久闻而不知其臭”的现象，但是环境肮脏对学生的情绪是不利的，而情绪跟学习有直接的关系。古人说“窗明几净”，有明亮干净的教室，学生心情会好，学习动机会强，记忆效果会好。

干净、整洁是美育的一部分，美育在台湾一向被忽略，但是它其实跟身心健康有极大关系。现在马上开学了，希望每个人都卷起袖子，给孩子打造一个干净、安静、心静的学习空间。

现在社会风气败坏，家庭功能瓦解，孩子更需要老师的关注。

14 老师不是经师，是人师

一八九〇年，美国费城有一位医师对同样的毛病开了两张不同的处方：对有钱人，他说“不要每天躺在床上呻吟，起来，一天去清马厩两次，少喝酒、少吃肉，以免病情恶化”；对生活拮据、三餐不继的面包师傅，他说“在空气流通、日照充足的房间尽量躺着休息，多喝红酒以增加血液的循环，多吃红肉以增加体力，这两者对发挥药效很重要”。

为什么对同样的病会开两种不同的药方呢？因为两人家庭环境不同。早期的医师是到病人家中看病的，他去到面包师家中一看，家徒四壁，又湿又暗、空气不流通，难怪病人脸色苍白、身体瘦弱。所以他叫病人多休息、多吃肉、多喝酒、多晒太阳。但是对有钱人就不一样了，要他起来多动、少吃肉、少喝酒。这个例子有趣的地方在看病跟办教育一模一样，都得因材施教才会有效。

我小时候，老师是有家庭访问的，家庭访问是每学年的一件大事，父母会把家中打扫清洁、还会去市场买糕饼做点心。老师只有透过家庭访问才会了解孩子生长的环境，才能知道为什么这个孩子在校跟别人有不同的反应，才能适时伸出援手帮助孩子。假如花莲某小学的老师有家庭访问过那个原住民的孩子，她就不会狠得下心把孩子屁股打成紫色的，使孩子看到跟老师留着相似发型、差不多身材的女生就恐惧到精神崩溃。人不能挑父母，对家境贫寒的孩子不但不应罚他，还应多给一份关心。

现在社会风气败坏，家庭功能瓦解，孩子更需要老师的关注。有一个被朋友出卖、受冤屈坐牢的受刑人告诉我，他忍不下这口气，几次想自杀，阳世报不了仇，到阴间去等着他。但是他的老师去探监时告诉他“世上只要有一人爱你，你就不该去”，他活了下来，现在狱中自修准备考大学。我问这个老师为什么会去探监？老师说他曾经去这个孩子家做过家庭访问，他自己来自佃农的穷苦家庭，但还不曾看过比这孩子更惨的家庭环境。他了解孩子本性不坏，因家贫营养午餐缴不出来，被以前的老师作贱，骂他“寄生虫”，同学多是势利眼，看老师不喜欢他而更加捉弄他，使得这个孩子转向帮派寻求安慰。等他接手这个班级时，孩子陷入已深，为时已晚。但他没有放弃这个孩子，所以年节都去探监。

我听了很受感动，的确，只要有一个人关心，人就活得下去，那种世上无人关心、无人在乎，这个世界多我一个不多、少我一个不少的锥心之痛非过来人很难体会。

现在不良少年这么多，每天冷血肇事，焉知他们小时候不是一个可爱的宝宝？孩子走到犯罪这一步，周边的大人都有责任的。

盼望每天跟孩子接触的老师能多花一点时间了解孩子为什么不交作业，因家庭状况而做出不同的处罚。公平不是每人各一大板就是公平，就像生病不是每个人开同样的药方一样。名医不是看病而是看人，老师也不是经师而是人师。

假如孩子没有学会，是老师没有教对，没有花时间找到孩子的兴趣，若从动机切入，一定可以把孩子教会。

15 老师是最好的志业

最近去了一所偏远小学，看到了“没有不可教的孩子”这句话的实证。天下事，只要用心，腐朽可以化为神奇。

这个孩子从小跟着外婆在山里长大，除了大自然没有什么外在的刺激，进了小学连“不然”“反正”等比较书面一点的用语都听不懂，不会数数，更不会写 1234。最糟的是坐不住，老师说要他坐下只有用绳子绑着才有可能，但是即使绑着，一不留神他连椅子也一起搬起来跑到操场去了。因此这孩子被贴上“过动、注意力缺失、智障”的标签，送到资源班去了。

他每天都来上学，因为上学有饭吃。但是他连吃饭都坐不住，拿着碗乱跑，每个人都放弃了他。后来换了一个新校长，校长发现这孩子两只眼睛滴溜溜的转，很伶俐，动作很快，怀疑他不是智障而是文化刺激不利的弱势孩子，就开始教化他。每天早上把他叫到校长室来，替他洗手洗脸后，就把他抱在身上读书给他听，读完一本书就可以吃三块饼干，如果读书时不扭动，饼干加倍。孩子很快就学会了安静坐在校长身上念书，一天念一点，时间慢慢拉长，他就坐得住了。

校长用这个方式逐渐把孩子带进阅读的领域，他词汇丰富了，上课比较听得懂了，就不像以前那样好动。校长又想办法弥补他文化刺激的不足，带他去台北坐捷运、搭公交车，告诉他车子有火车、汽车、大卡车；带他去动物园，让他看到动物有狮子、老虎、大象，不是只有山里那些猴子。她用鼓励的方法让这孩子喜欢学习，现在他五年级已经回归主流班，功课各方面都不逊色了。

在教育上有一句话：If the learner has not learned, the teacher has not taught. 假如孩子没有学会，是老师没有教对，没有花时间找到孩子的兴趣，若从动机切入，一定可以把孩子教会。许多孩子小时候不曾安静在大人身边坐过，所以上学了也定不下心来、坐不住，改正他最好的方法就是亲子共读。亲子共读的另一好处就是使孩子专注，集中注意力在做一件事上。孩子喜欢重复念同一本书，即使已会背了还是要再念同一本书，因为每次念时，孩子的感受不同，他每天的知识都在成长，因此每天在看同一个故事时，理解不同。

做老师的最高兴的就是看到孩子每天有进步，它使老师愿意无怨无悔付出。一个孩子心智的启发不能用钱衡量，我们不知道什么时候这个孩子会发明阿兹海默症的药或癌症的药，世界会因为这个孩子而不一样。这个孩子会因为老师而不一样，这是做老师最大的成就，也是最好的回馈。

台湾经济能起飞，是因为我们有很多这种无私奉献、春风化雨的老师，在脚踏实地地培育人才。虽然现在教师节不放假了，但是老师还是最好的志业。世界上没有哪一种报酬有像做老师这样，只要爱他、欣赏他、鼓励他，他就像丑小鸭一样源源不断地给你欣喜的回馈。

当我们无法去经验世界上所有的事情时，最快的方式是通过阅读，将别人的知识内化成自己的。

16 青春期是阅读的最好时机

青春期对很多人来说，是个青涩难挨的生长期。一九九八年美国心理学会乔治·米勒奖（George A. Miller Award）的得主，畅销书《教养的迷思》及《基因或教养》的作者茱蒂·哈里斯（Judith Rich Harris）说："如果人生可以重来过，我希望跳过青春期。"

为什么一个专门研究青少年发展的心理学者会不喜欢青春期呢？因为那是一段尴尬的年龄，半大不小，还不是大人却已不是小孩，体内荷尔蒙大量涌出，使得情绪不稳定，身体开始变化，第二性征出现。但是这些外表的改变都不及大脑内的改变，青春期时神经回路密集地与别的回路连接，心智开始开窍了，过去听不懂的话，现在开始有意义了，知识开始组织成有条理的脉络。所以青春期是最应该好好读书的时候。

为什么单挑阅读呢？因为阅读是把别人的经验和智慧内化成自己的最快方法，人生有涯，而知无涯，当我们无法去经验世界上所有的事情时，最快的方式是通过阅读，将别人的知识内化成自己的。现在在实验上已知你所读的书、你的经验、你的一举一动、一言一行，全都会在你的大脑中留下痕迹，影响你的神经连接。过去的记忆会决定未来的行为，这些思想与行为慢慢累积成你的人格，最后成为现在的你。

因为青春期是人格形成的关键期，所以外国各所学校莫不在这段期间要求孩子大量阅读。以美国为例，他们的学校从八年级开始，社会科一学期要读十四本书，学生要从书单中，每一个宗教、每一个种族，任选两本书来读。十四岁的少年血气方刚，大脑尚未成熟，但是拳头已足以打死人，若没有在这个时候大量的阅读使之产生同理心，学生会因一时冲动而做出使他后悔一辈子的事来。台湾其实也该如此鼓励学生广泛阅读。青春期的确是读书最好的时候，智慧已开，可以了解作者在书中所要表达的意思，大脑逐渐成熟，书中先圣先贤教导我们做人做事的道理，会逐渐形成我们的人生观与价值观。

青春期必须大量阅读的另外一个原因是：青春期是“成年”的最后一个阶段，过了青春期就被当做大人看待，法律要求你要为你的行为负责，不再因年幼无知而斟量减刑。因此，学生必须在脱离青春期的保护之前尽快地充实自己的知识，培养出关键性思考及独立判断的能力。

阅读的另一个好处是它可帮助青少年纾解情绪。名作家黄春明先生曾说他第一次离家到台北念师范时，因年幼又举目无亲，晚上常躲在棉被中哭泣，伴他度过这个期间的就是小说。他去图书馆大量阅读各国的翻译小说，看到《块肉余生录》、《悲惨世界》等世界名著里面主角的遭遇，再想想自己被人欺负又算什么。就这样，靠着书本纾解了他的心情，稳定了他的情绪。又因为大量阅读，丰富的背景知识和从书中而来的人生体验，使他后来成为台湾著名的作家。

杜甫说“读书破万卷，下笔如有神”，要写得出好作品必须读很多书，融会贯通后，变成自己的话写出来就是好作品。作文一定要心中有话要说才有文可写，如果胸无半点墨，那么再简单的题目都只好搔首交白卷了。其实国外培养孩子独立思考能力的方式正是写作。他们自九年级起，每周要交一篇作文，老师开始从作文中，训练学生的逻辑思考、推理能力与表达的方式。这种训练促使孩子用反证法去思辨，使他们不易受骗。

那为什么不可以用实做经验的方式取代阅读呢？古人不是说“行万里路”吗？除了上述生命有限的原因之外，另一个原因是我们对外界讯息的解释是通过后天认知的解释。先要有背景知识才能对事情有正确解释，错觉的产生，就是因为大脑对视网膜送上来的正确讯息做了后天认知的调整。例如三个人原来一样大，但是如果在两旁加上辐辏的线条，使第三个人看起来较远时，远的人看起来立刻就比近的人大了，因为大脑知道如果远的人跟近的人一样大时，远的人应该要更大，这是过去经验的结果，这个经验的认知会强过我们的理智。因此，明知三个人一样大，大脑还是会告诉你远的比较大，错觉就这样产生了。许多室内装潢的设计师就利用这个错觉使小的空间感觉上较大。

因此，没有背景知识，我们连应该看到的东西都会视而不见，这是为什么我们请人帮忙找东西时，必须先描述那个东西的颜色和形状的原因。

在实验上我们知道人看不见他不认得或不知道的东西，在同一时间，太多讯息同时进入大脑，只有具有意义的东西才会被我们注意到，才会进入意识界，只有进入意识界的东西我们才看得见。所以阅读是教育的根本，而青春期是阅读的最好时机。唐朝颜真卿说：“三更灯火五更鸡，正是男儿读书时，黑发不知勤学早，白首方悔读书迟。”希望所有的孩子懂得这一点，把握时光，莫负少年头！

教育不是一堆事实的总和，也不是求学的年数，更不是标准答案，它是从你所学的东西中脱颖而出的“你”。

17 学习重在思考，不是记忆

最近陪一个晚辈去相亲，吃完饭送女方回家时，看到她读小四的侄儿在客厅沙发上读《大英百科全书》。每个人都啧啧称奇，他妈妈非常骄傲地指着一排三十多本精装的书说，已经读到字母C了。大家都夸奖这孩子，说回去也要叫自己的小孩念百科全书。

我听了却很不以为然，因为这不是有效的学习方法，就像我们小时候用背字典的方法学英文，效果不好一样。学英文须从英文书的文章脉络之间了解字的意义与用法，背字典是单纯的fact，没有架构，背了不知该往哪里放也是枉然。

百科是查数据用的，它是按字母编排的零碎事实，孩子可以背得一百万个事实，使他上电视赢得有奖征答，但是它没有组织架构。坊间有很多一万个或十万个为什么之类的书，卖得很好，但是我却看不下去。一个事实要对孩子有意义，必须先把它消化，找到它和别的事实之间的关系，在原有的知识架构中把它定位，这时这个知识才是他的，他的知识面才会扩大，才能融会贯通达到教育的目的。

美国自学成功的计算机界奇葩詹姆斯·巴哈（James Bach）就说：“教育不是一堆事实的总和，也不是求学的年数，更不是标准答案，它是从你所学的东西中脱颖而出的‘你’。教育就是我们本身，不是可以反哺出来的东西。”这段话很值得我们深思，我们现在都错认了教育的目的，把背诵一堆事实、考试得高分当做教育成功，其实教育是变化气质，一个受过教育的人风度不一样，文质彬彬。

詹姆斯·巴哈以一个高中未毕业的二十岁小伙子，进入苹果计算机公司做软件测试部的经理，让底下一群学历比他高的硕士和博士都服气，的确有值得我们借鉴的地方。他说他自学的效果之所以比到学校学得好，是因为他的自学进度表有机动性，随时因为心中想读而去读。他读的是他自己心智安排的顺序，而不是别人安排的知识顺序。换句话说，他有求知欲，读的是自己想读的，所以他学习的动机比别人强，效果当然比别人好。

同时，他学习的方法也跟一般学校教的不同，他强调思考。他说，每次想到一个点子时，就问自己这个想法的例子有哪些？有其他的想法跟它一样吗？我如何学习到这个想法的细节？他把这个方法应用到每一个新的、未曾接触的东西上，因为知识会吸引知识，不知不觉就形成他错综复杂、连接紧密的知识面，这个方法最大的好处是这是一个可以活用的知识网。

现在有很多年轻人大学毕业了，还不知道自己的兴趣在哪里。是不是我们的教育一开始就重视事实的记忆，忽略了思考的方法，以致所有时间花在记忆上，没有时间把学习的知识组织成一张有用的网呢？

第三章　竞争力

教会孩子节俭过日子可使他免于金钱的烦恼，在人生的路上不会掉入欲望的陷阱，毁掉一生。

1 食衣住行处处有创意

看到报载有小学生因偷便利商店的跳绳而被抓，真是非常惊讶，跳绳怎么要去买呢？任何一根麻绳子只要是身高的两倍，就可以拿来跳了，不是一定要两头有把手的才叫跳绳。我们小时候的玩具都是自己做,而且是就地取材，一样玩得很高兴。看到现在孩子什么都用买的，自己大脑不会想如何制作替代品就很紧张，这代表我们的孩子已经没有创意了，也代表我们的教学出问题了。孩子不知道现象背后的原因，如果不懂一个功能背后的原因就不知如何找替代品，其实，世界上没有什么东西是不可取代的。

前一阵子报纸刊载四个姐弟因肚子饿而偷窃，他们的父亲出门做工只留了二百元的伙食费给他们吃饭，他们第一天买四个便当便全部花完了，所以第二天只好去偷。其实二百元是可以填饱四个人两天的肚子的，他们只要买白米或干面回来煮，加点酱油，加点油，至少可以混过一餐，市场也有很多尚可食用的剥下菜叶，甚至买两条吐司面包，四个人也可以撑两天。我们的孩子现在什么都是用买的，没有钱就不会吃也不会玩了。

其实自己做出来的玩具更好玩。我孩子小时候看到邻居的孩子在玩骑马打仗，他也想要一匹马，我去玩具反斗城看了一下，发现要二十美元，觉得太贵了，不值得，便回来找到一根旧扫帚，把柄拆下来，拿条旧毛巾包在柄头上，找些碎布塞满了把它缝起来，再找些毛线做马鬃，缝上两颗扣子做眼睛，一匹木马便完成了。孩子骑出去，引起众人的羡慕，因为跟店里买的不同，有特色，还不会丢，因为人家一看就知道是我孩子的，忘在别人家时，别人都会送回来。

自己做最好的地方是，让孩子看到只要动点脑筋就可以得到同样的东西，而且还有自己的特色。后来很多玩具他就看一看以后，回来自己学着做，我不知道这个经验是否导致他后来走上“工”的路子，但是我知道他从此喜欢动手做，很早学会用工具，也学会缝针线。

在烹饪的方面也是要趁早教，他去美国读书，每学期生活费都会剩一些回来还我。我有时劝他不要太省，身体要紧，他告诉我，他吃得很好，营养都够。例如周日先煮好一锅面，分成几袋，平常放学回家时，把面放进烤箱，上面铺上一层肉，一层干酪，二十分钟后，就有焗面可吃了。苹果如果放太久，不新鲜了，他就把皮削掉，切片，拌些糖，撒些肉桂粉，放进烤箱烤。他说：“妈，香到连隔壁的室友都跑过来吃！”听得我很欣慰。

他小时候我没有让他补习，把他带在身边，让他看我怎么做家事、怎么跟人说话打招呼。黄春明以前一直呼吁真正的教室在窗外，王尔德（Oscar Wilde）也说真正的学校应该是街头，我非常认同这个看法。教育的目的本来就是为学生出社会做准备，孩子离家后，第一要面对的就是打理自己的食衣住行。我们必须及早让孩子学会在他能力所能挣到钱的范围内自给自足。《菜根谭》说“俭则用足”。教会孩子节俭过日子可使他免于金钱的烦恼，在人生的路上不会掉入欲望的陷阱，毁掉一生。

隐藏在这漂亮的成绩下，我天生所具有的创造力与思想力，是否已在不自觉间一点一滴地流逝了呢？

2 标准答案：扼杀创造力的元凶

一位朋友把她小一孩子的考卷给我看，叹息着说："这样的考题怎么培养得出创造力！"原来题目是"下列哪一种会长大？(1)桃树；(2)小草；(3)种子"，答案是2，因为课文中说桃树会开花，小草会长大，种子会发芽。我非常惊讶现在还有这种考题，多年前我孩子小时候，他的自然科考卷也有一题是："'天气很冷'这句话是(1)观察；(2)判断；(3)推想"，正确答案是1，但其实是三个都可以，因为我可以在家里看到每个人穿着大衣缩着脖子在走路，因此判断或是推想外面一定很冷。

好几年前曾经有位读者在报上投书，说他初一时，语文考卷有一题是"下列哪一种人最美丽？(1)儿童；(2)少女；(3)少妇；(4)老妇"，他答2，标准答案是3，因为少妇新婚最美丽。这种题目看了令人生气。怎么有这么不用心、不负责任的老师？这位读者说："总之，在求学与接受教育的路程里，我逐渐学会了熟记书上的标准答案，同时也学会了把自己独特的想法与经验搁置一旁。日后所经历的各种大小考试中，我的成绩也一直名列前茅；在获得众人赞美的同时，我却有点怅然。我常常思索着：隐藏在这漂亮的成绩下，我天生所具有的创造力与思想力，是否已在不自觉间一点一滴地流逝了呢？”这段话一语道出标准答案的恐怖，它残害我们孩子的心灵，使他们失去创造力及思考能力。

有个实验是把初生的老鼠随机分成两组，一组让它自由在笼中跑风轮做运动，另一组强迫它在水中游泳，不游就会淹死。这两组运动的量一样多，唯一差别在主动、被动上，主动组是自己想运动，被动组是被实验者丢到水里去，不得不动的。等老鼠的大脑发育完成后，便让它们做水迷宫的实验：把水染成白色使不见底，水池中隐藏着一座平台，老鼠如果找到平台便可蹲在上头不会溺死。

实验者发现主动组比被动组学得快，当两组都学会平台在什么位置后，实验者改变老鼠下水的方位，如果以前是正南方向下水，现在改成正北方向下水，结果发现主动组学会的是概念，会依实验室墙上的装饰、天花板上的灯管，调整它的方位，顺利找到平台；被动组学会的是肌肉记忆的联结，下水后仍然往原来方向游，找不到平台就会溺死（就像许多孩子用背的方式学数学，题目一变就不会做了）。最重要的是，当把这两组老鼠的大脑解剖开来看时，主动组的神经连接很繁密，被动的很稀疏。

在神经学上，创造力的定义是两个不相干的神经回路碰在一起，活化起第三个回路，因此它必须先要有繁密的神经回路，才有可能使不相干的神经回路碰在一起，触类旁通、举一反三。标准答案是死背一个固定的答案，它只活化一个固定的神经回路，所以久而久之，其他不用的神经连接就被削减掉了，因此标准答案是扼杀创造力的最大元凶。

台湾一向是考试引导教学，如果老师出的题目是死背型的，学生很快就学会不可有自己的想法,因为有自己的想法只会替自己惹麻烦而已。久而久之,人天生的创造力与思考能力就在现行的教育制度下消失了。见微知著,看到这种考试题目,能不忧心?

没有品德做基础，自由与开放常会变成自私与专断。

3 创意时代的脑力竞争

七月初，我去埃及做微软创意杯国际赛的裁判，看到一百四十二个国家代表队的各种创意表现，尤其看到非洲的肯尼亚、南美的智利、东欧的罗马尼亚等小国家都表现不凡，罗马尼亚还拿到二〇〇九年软件设计组的冠军，深觉创意是最便宜的教育投资，会动脑筋就会有饭吃，只要有好的点子，不一定要有钱才能有好成绩。

在比赛中，有一项是“古代遇见现代”的即席创意比赛，学生要在三十六小时之内，就地取材，做出一部短片来。有一个国家拍的是在古代的金字塔中，有一个木乃伊醒来，看到墙上贴着一张纸条：“抱歉，我没有替你盖金字塔。”木乃伊脸上表情很悲伤，这时一个年轻人进来说：“不要难过，我是建筑师，我来替你盖一座。”他就把木乃伊带到我们开会的旅馆，这旅馆游泳池中央有一座金字塔，木乃伊转悲为喜，就要进去，年轻人拉住他说：“请看一下现代的金字塔。”镜头转到旅馆房间，电视、冰箱、弹簧床……木乃伊眉开眼笑，最后一个镜头是门上挂着一面牌子“请勿打扰”。

短短一天半要做出一部短片来，还要配合题意，更要有幽默感真是不容易，深感长江后浪推前浪，江山代有才人出。二十一世纪的竞争力在脑力，现在是一个创意的时代，教育要符合时代的需求，不然会被时代淘汰。创意需要自由与开放的环境，最怕有看不见的框，框住学生的思想。但是自由与开放并不代表随便和不尊重，这一点常被人们误会。最近主管机构在推品德教育，我觉得很好，没有品德做基础，自由与开放常会变成自私与专断。

自由与开放环境对创意的重要性，可从计算机界奇才詹姆斯·巴哈的书《学习要像加勒比海盗》中看出。他高中没有毕业，是中辍生，二十四岁却做到苹果公司软件测试部的经理。他说靠创意吃饭的人一定要随时进修、大量阅读。书只要有兴趣就看，不必问能带来什么好处。知识是相通的，知识会吸引更多的知识，使学习新知更容易。在关键时刻，你比别人多一点知识、多一分灵感，就可能看到别人没有看到的东西。创造力的定义就是在同一个东西中，看到别人没有看到的东西。

我非常惊讶，他一针见血说出了阅读跟创造力互为表里的关系，它们都是神经回路的活化，当两个不相干的回路碰在一起，活化了第三条回路时就是创意了。

我很希望未来我们能争取到主办权，让我们的学生有机会和世界各国的菁英切磋，也让我们的官员看一下教育是在质不在量，不能每天要求成果报告。

创造力不能一蹴而成，它是长期的教育投资，所有人才的培养都不能性急，水到自然渠成。

养孩子在乎心，不在钱上，是可以不昂贵地教出好孩子来的。

4 不要再截长补短

有几个妈妈在高铁上大声谈论养孩子的昂贵，从补习费谈到私校的学费。一个妈妈说，为了找出孩子的兴趣，几乎所有的才艺班都让他上过了，可是到现在大学都毕业了，孩子还是没有找到他的兴趣，蹲在家里让她养。另一个说她的孩子为了准备高考已经补习两年了，她自己觉得孩子并不适合做公务员，却不知道他适合做什么。

我在旁边听了好生惊讶，不知道自己要做什么，一直去补习岂不是浪费自己的青春和父母的钱吗？其实只要父母花点心思观察孩子日常生活的举止就会看出他的性趣，尤其在游戏时最容易看出来，因为人都不喜欢挫折，游戏时一定是玩他最拿手、最有兴趣的项目。父母知道了以后，便可以鼓励他，安排机会让他表现，兴趣就培养出来了。

比尔·盖茨（Bill Gates）的爸爸有一次说，他很早就知道他的大女儿是走会计的路。他说孩子小时候，他带他们去迪斯尼乐园玩，当时大女儿才十岁，出门时便懂得带一个小本子记账，花的每一分钱都登记下来，到回家时，她把皮包的零钱倒出来，跟本子上的账目一核对，一分钱都不差。他和太太两人对看一眼，心中雪亮，这孩子将来是会计师的料。于是他就从这方面引导她，凡是小区义卖或一年一度的卖女童军饼干（这是美国童子军最大的一个全国性活动，几乎所有的父母都会捧场，掏腰包买个一两盒），都叫这个女儿管账，女儿账管得很清楚，赢得很多人的赞美。别人的赞美声越多，孩子做得越起劲，善意的正回馈循环之后，果然成了有名的会计师。

所以只要在日常生活中对孩子多加观察，就会看到他与别人不同的地方，如果是好的，就鼓励他，使这长处变成将来谋生的技能；如果是不好的短处，要赶快改掉，不要等到后来积习难改，后悔莫及。

在二十一世纪，父母有一个重要的观念就是孩子将来是靠长处吃饭，不是短处，所以不要截长补短。不必要求他中、英、数样样行，而是他必须有一项特别行，能够跟别人竞争。在科际整合的现代，任何领域玩出名堂都有饭吃，不一定非最红的领域不可，甚至冷门的科系，只要孩子喜欢有兴趣，都没有关系，一旦你是这科系中做得最好的人，你一定有饭吃。最怕就是样样通、样样松，半吊子的学生再红的科系也没用。

替奥巴马夫人设计晚礼服的吴季刚就是一个很好的例子。他的喜好与一般男生不同，他爱玩芭比娃娃，替她设计衣服。这是一般父母不能接受的，但是他的母亲看到他这个异于别人的长处，让他去发展，把他带到加拿大，抵挡别人的闲言闲语。果然一鸣惊人，闯出了他的天下。

养孩子在乎心，不在钱上，是可以不昂贵地教出好孩子来的。父母平日在日常生活中、跟孩子游戏时多加注意观察，像比尔·盖茨的父母亲一样，自然就会看到孩子的长处，让他的长处发展，孩子就成材了。

越是有钱人家的孩子，越是需要生命教育，只有通过服务别人，才会对“拥有”感恩，才会珍惜。

5 让孩子像大自然的苹果树

最近跟一所私立高中的生命体验营去山地服务，这个校长的理念很好，他说：越是有钱人家的孩子，越是需要生命教育，只有通过服务别人，才会对“拥有”感恩，才会珍惜。我很赞同他的看法，也佩服他的勇气，在升学至上的私校，能说服董事会和家长，让这些大小姐上山去服务很不容易，所以跟他一起去，表示我的支持。我认为如果这个社会无力惩罚坏人，至少应该支持好人，这样，社会还是会进步，只是慢一点。

在营队，我注意到有个女生比别人懂事，不但会料理自己的事，还会帮同学的忙，而且辛苦的事不待老师开口，第一个去做。在采集标本时，有个孩子脚受伤了，她把他背起来，没有让他因受伤而失去采集的机会，看她背得满头大汗却没有叫苦，很不像个千金小姐，找了个机会跟她聊时，才知道她两岁时父亲就去世了，母亲改嫁后，把她送到育幼院，她是拿到奖学金才能念这所私立的贵族学校。

听她讲时，我脑海中浮现一位不想再洒农药的苹果农民，经过九年的辛苦坚持，终于成功地种出不施肥、不洒农药，完全自然的苹果。他讲了一些话，令我想起这位女生。他说现在大部分的果树被人工接枝、基因改造后，已经失去原来在大自然中抵抗病虫害的能力，不洒农药就没有收成了。而且要做到真正的有机不容易，因为土壤中还会有残留的农药和化学肥料，要过很久才会被雨水完全冲洗掉。

他花许多年的时光，不施肥、不浇水、不除野草，把苹果树回归到原始在大自然的情境下，树为了生存，不得不把根深入地下，以吸取水分，因此根很深、很密。当台风来时，别人的树都倒了，他的树没有，因为别人的树根只有几尺深，他的树根有二十尺深，牢牢地抓着土地，所以台风吹不倒，正是“根深不怕风摇动，树正无愁月影斜”。

那为什么不施肥呢？因为不论有机的或化学的肥料，施肥都会提供苹果树营养，当营养过多时，树就不需要努力往下生根，反正轻松就可以得到所需。但是如果果园的营养有限，为了生存，苹果树就必须激发本能，让自己活下去，生命真的是自己会找出路。

中国人也有“置之死地而后生”的说法。我一九七六年去欧洲开会时，经过法国南部的葡萄园，有人跟我说贫瘠土地产出来的葡萄比肥沃的更能酿出顶级的葡萄酒，因为土地的营养不够时，葡萄为了生存只好更深入泥土中，因此吸收了土壤中各式各样的微量元素，使酿出来的酒香气和味道更浓郁。

这孩子生活得比别人辛苦，无父无母，无人呵护，但是她吃过的苦让她生命的根长深，像苹果树一样，经得起台风的考验。她将来的成就一定会比别人大，因为除了一个聪明的大脑，她的环境还训练出她坚强的意志和吃苦耐劳的身体。看到她在操场上跟小朋友追着玩，我不知谁比较幸运，她，还是她锦衣玉食的同学。但是我知道，如果我是父母，我会把我的孩子推出冷气房去外面磨练，我要我的孩子像大自然的苹果树一样，顶得住台风的肆虐。

我们一直教孩子做事情要公平正义，但是用同一把尺去评量孩子，在讲究公平（同一把尺）的同时，却牺牲了正义。

6 用不同的尺衡量不同的孩子

脑造影技术精进后，我们可以在一个人的大脑上看到这个人实时即刻处理一个问题时大脑活化的情形，这些新的大脑知识改变了很多我们对教育的看法及教养孩子的方式。例如最近有一份报告：同卵双胞胎在做同一件事情时，大脑活化的神经回路有显著的不同。同卵双胞胎的基因完全相同，又是同一对父母抚养，成长的背景也是相同的，那么，为什么在做同一件事时会活化不同的神经回路呢？答案是因为两人后天的经验不同。经验会在大脑中留下痕迹，形成不同的神经回路，因而造成不同的想法，思想决定行为，所以兄弟俩外表虽然一模一样，行为却不一样。

这份报告使老师和父母了解为什么孩子不能跟别人比，只能跟他自己比。因为他跟别人基因不同、生长环境不同，当先天和后天都不同时，怎么比？橘子和苹果不能比，虽然都是水果，但是种类不同。孩子也是一样，虽然都是人类，但是每个人的基因和他生长的环境都不同，不能，也不应该比的。不但不应和别人比，甚至连兄弟姐妹也不应该相比，因为还有一半的基因是不同的。

新的实验证据让我们看到人只能跟自己比，俗语不是说“人比人，气死人”吗？只要孩子今天比昨天进步了，我们就应该感到欣慰，而不是指责他“别人都考一百分，为什么你考不到一百分”？

其实我们在制定学习指标时常是以全班前百分之几的学生做标准，然后要求每个人都要达到这个指标，忘记了每个孩子基因不同、开窍的早晚也不同。不论个别差异，一律要求做到同一标准是不公平的。这个成熟（maturation）的差异在孩子小的时候最明显，研究发现男生在小学时，成熟比女生慢两年左右，要到中学，男生的成长曲线才追上女生。在大脑中虽然每个人都有四个脑叶（额叶、顶叶、颞叶、枕叶），但是每个人这四个脑叶成熟的时间和顺序却是不同，现在有太多大脑的证据显示学习慢不代表笨，只代表他大脑成熟得比别人晚。

中国不是也有“大器晚成”的话吗？我们怎么忘记了？强迫孩子去做他能力还做不到的事情（这就是“压力”的定义），只会使这个孩子对上学感到恐惧，对学习感到挫折。我们一直教孩子做事情要公平正义，但是用同一把尺去评量孩子，在讲究公平（同一把尺）的同时，却牺牲了正义。

在讲求脑力竞争的二十一世纪，教育应该鼓励孩子亲近知识、喜爱知识，他才有竞争的本钱。林语堂说“觉察、怀疑是一切思想的主力，求知、养趣是一切学问的水源”，目前我们的教育制度与教育理想是背道而驰的，若要保持台湾的竞争力，我们的教育观念和制度一定要变。“以不变应万变”是自欺欺人之语，假设你站在海边，退潮时没有关系，涨潮时不动就被淹没了。世界在变，我们还用上一个世纪的观念教孩子，怎么不会被淘汰？既然二十一世纪是个科际整合的世纪，需要各类人才聚在一起形成团队，共同解决一个核心问题，那么我们的孩子只要有一项能力比人强，就会有饭吃了。未来的人才是会思考、有专长的人才，我们应该依未来社会的需求培育人力。

他有主见而没有成见，他有志气却没有意气，所以他会成功。

7 有国际观才有竞争力

最近有好几本新书都谈到二十一世纪的竞争对象已经不是我们身边的人，而是隔着太平洋、印度洋某个遥远国家的人。因为英特网的发达，E-mail无远弗届，世界已经无崇山峻岭地理上的隔绝，物理上的距离已经消失，地球是平的了。所以如果有一天你打电话去美国办事，不要惊讶接电话的人有印度口音，因为很多大公司已把顾客服务这一项包到人工比较便宜的印度去了。科技的进步实现了唐朝王勃说的“海内存知己，天涯若比邻”。在二十一世纪，你的左邻右舍可能是跟你隔了十万八千里的人，因此现在全世界的学校都在强化他们学生的国际观。

台湾也很努力在推国际观，只是很多人把国际观解释成“英文好”，以为送孩子上英文补习班就好了，其实英文只是表达的工具而已，内容才是重要。一个人可以不会说英文而有很好的国际观，他只要有个好的英文秘书即可，但是一个英文很流利的人却可能完全没有国际观，事实上，这种人比比皆是。在许多国际场合会看到英文发音很标准的人，但是用词遣字不当、说话内容空洞，通常除了寒暄之外，讲不出什么比较深入的话（总不能老是停留在打招呼的阶段吧！）。因此，现在的年轻人必须勤阅读，增广见闻，当别人谈到某个话题时，自己才插得上话。

国际观跟背景知识密不可分，我们的学生都知道非洲的南非共和国曾经实施种族隔离政策，百分之十的白人统治百分之九十的黑人，被全世界谴责和抵制，但是它的政权却能在一九九四年从长久的白人执政，和平地转移到曼德拉（Nelson R. Mandela）这个黑人总统手上，而没有发生流血暴动。曼德拉从一九六〇年代没有个人计算机的时候就关进监狱了，关了二十七年，他怎么立刻适应这个几乎完全陌生的社会？他怎么平衡种族敌视、维持南非社会的安定，没有暴动？

我问学生这个问题时，大部分都承认不曾这样想过，所以我请他们寒假时去看曼德拉的传记，因为南非的政治情况非常复杂，从一六五二年第一批白人登陆后，就实行种族隔离，黑人被压迫了三百多年，对白人的仇恨很深。在南非的白人又分荷裔和英裔，彼此打过仗，虽都是白人，并不融洽；黑人也有不同的族群和部落，再加上南非有很多印度人以及非白、非黑、非印度的“有色人种”，这么复杂的社会，一不小心就可能踩到地雷出乱子。

要了解这么复杂的政治生态必须深度阅读，所以我请他们去读曼德拉的传记，因为他的一生就是南非的近代史。从读他的传记中，不但学到为什么他受人景仰、拿到诺贝尔和平奖，同时也学到他的政治智慧与接纳不同意见的胸襟，他有主见而没有成见，他有志气却没有意气，所以他会成功。其实台湾非常缺像这样有胸襟、有远见的政治家。

很多人以为学英文就是背生字，其实不是。背生字固然重要，但是在掌握了小学三年级程度的单字后就要开始大量阅读了。美国图书馆协会每年都有推荐好书，像纽伯瑞奖（Newbery Medal）的书就很好，学生可以从这些得奖的书看起，循序而上，不但增广见闻，也学会字词的正确用法。

快放寒假了，希望老师少出一些寒假作业，多给学生一些时间充实他们的世界知识，为将来的国际竞争力打下根基。

人脉很重要，而口碑是累积人脉最快的方式。

8 先做给人家看

最近景气不好，大学生就业不易，有人什么事都肯做，也有人说“一个月两万二，那我念大学干什么”。大学生拿两万二或许太少，但是两万二的工作却可能打开许多其他本来打不开的门，使他接触到许多本来不会接触到的机会。

曾经有人去应征临时工，替怀孕生产的职员代班，两个月产假结束后，老板发现新人比旧人能干、机伶、勤奋，他就找个机会把旧人资遣，把新人聘为秘书，本来的临时工反而变成老板身边的机要了。所以我们要教孩子“大丈夫能屈能伸”，切不可认为自己才高八斗，别人一定要来求我才肯去。《决断两秒间》的作者葛拉威尔曾经讲过他母亲的故事，让我们看到命运女神真的只敲准备好的人的门，准备好的人看得到那是机会，没有准备好的人，错过了都不知道。

葛拉威尔的曾曾曾外祖母是牙买加的黑奴，他母亲本来是没有办法念书的，因为当时牙买加是英国的殖民地，没有公立中学，也没有公立大学，而私立的念不起。一九三五年，南非约翰内斯堡的一位历史学家来到牙买加，看到这个情形就写了一本书，猛烈批评英国的殖民地政策，他认为不提供殖民地人民受教育的机会，会拉大社会阶级的差距，以后一定会暴动。果然这本书出版不久，加勒比海区就发生大暴动，死了很多人。英国政府在压力下，提供牙买加学生奖学金念私校，葛拉威尔的母亲因此才念了中学。

到念大学时，因为当地无大学必须去英国念，但旅费是一般人一年的薪水，家中负担不起，他外婆便硬着头皮去跟中国老板借，因为牙买加的商店几乎都是中国人开的。中国人为什么愿意借给她呢？因为中国小孩在牙买加学校受到排挤和嘲讽，而他外婆曾替他们仗义执言，所以中国老板愿意借钱给她（所以做好事的时候并不是求回报，但是回报往往在想不到的地方等着你），他母亲因此去了英国，在那里碰到做数学教授的父亲，两人结了婚到加拿大定居，才有葛拉威尔这个人。他说假如那位教授不来牙买加，没有那场暴动，英国政府也不会提供奖学金；假如他母亲早生几年，就没有机会参加奖学金考试。

但是一个人成功并不是只靠运气，他的外婆坚持他母亲在家自学拉丁文、代数，后来才考得上奖学金。一个牙买加贫民的女孩照说是没有机会念大学的，但是只要自己努力不辍，幸运女神会眷顾你。人生有很多想不到的机会，所以，不要拒绝工作，抱着学习的态度认真做，每一份工作都能教你些新的东西，起码也教你那个领域基本的做事规则。知识学来什么时候用，谁也不知道，但是机会来了，那个知识派上了用场，就使你攀上更高一层的工作。

在台湾做事人脉很重要，而口碑是累积人脉最快的方式。但是如果待在家里不出去做事，就不会有口碑。两万二一个月固然不如意，但想到它是一个打开很多机会的门，就会愿意做了。

在不景气的时候，我们更需要把正确的就业观念教给学生。职业无贵贱，先做给人家看自己是有能力的，人家就自然会来求你了。

实做是一条通往教养真正的路，虽然进度很慢，却是唯一的路。

9 实做是通往教养的大道

杜威的“生活即教育”一直是教育的最高理想，最近我在一家餐厅中看到了这个理想的实现。

很多父母都读过蔡颖卿的《妈妈是最初的老师》这本畅销书，我很喜欢这本书，尤其喜欢她的人生哲学、生活品味及烹饪技术，所以在一个星期天中午，我带母亲和亲友去了她的餐厅。

我们一走进门就看到一个很可爱的小男孩，穿着黑色的侍者制服，腰上围的围裙几乎拖到地，迎上前来，很正式地说：“请问您有订位吗？”然后一本正经地在订位单上划去我的名字，说：“这边请。”他把我们带到窗边的位子，但是我们都没有坐下，因为太惊讶了，十二个一年级到六年级的小朋友，侍者打扮，围裙口袋上还挂着一条折得整整齐齐的毛巾，穿梭在桌子间端茶、上菜。一时间，觉得自己好似来到了格利佛的小人国，周围都是小大人。

一个小学一年级的孩子用托盘端了一碗汤，目不斜视地专心走路，走到桌子前面，另一个跟他同样年龄的女孩帮她把汤放在客人前面，说“请慢用”，然后告退。我们看得下巴都掉下来了，这么小的孩子可以端汤而且不会打翻，太令人惊讶了。可见孩子可以教，他也可以做得很好，只要我们给他机会。

我们终于坐下来后，一位漂亮的小女孩来替我们倒水并送菜单，然后一位小男生来点菜，他很有自信地掏出本子，先从女士点起，然后男士。看他严肃地写着，我忍不住偷看一下，果然全是注音符号，但是又有什么关系呢？文字是沟通的工具，只要达到目的，任何符号都可以用。

后来与蔡颖卿谈时才知道，这些都是在网络上报名来参加“小厨师”实做活动的小朋友。从早上九点钟父母把他们送来报到后，他们便留在餐厅中学习如何摆菜、摆刀叉、做色拉、做甜点，实际动手做一个小厨师。中午时，父母以客人身分光临，接受孩子的服务，吃完再把孩子带回家。这一天她控制客人人数，不接受第二轮订位。她强调在事前仔细教，尽量避免孩子做完、大人又得重做一遍的窘况，所以她的孩子都很有自信。她说她希望借着这个活动让孩子从实做中学到安排工作顺序的重要、时间感、呈现食物的重要、美食的知识，最后得到自己的成就感。

实做是一条通往教养真正的路，虽然进度很慢，却是唯一的路。餐厅绝对不只是吃饭的地方，它是展现生活教养的地方。孩子从餐桌的摆设、餐具的安排、上菜的顺序、服务的态度上学到最真实的生命教育一课，以后有服务他人的心，也懂得安排自己的生活。

生活即教育，良有以也！我今天看到一个有心人，在她的能力范围内，不计较成本，成功地教育了十二名未来的主人翁。只要我们对教育关心、肯参与投入，台湾的未来就会有希望。走出来时，虽然天阴欲雨，我的心却是明亮愉快的。

中国父母最厉害的一点就是可以把任何有趣的事都变成功课，也最喜欢打断孩子的话，其实很多时候父母并不真正知道孩子的意思。

10 不会表达就没有竞争力

今年中学基测有四千多名考生作文缴白卷，甚至有孩子在卷子上写“题目很难，我不会写”，其实今年题目“常常，我想起那双手”比去年“当一天的老师”容易。孩子在生活中，每天不知看到多少双手，先不讲父母照顾的手，就从早上出门上学算起，就有路边卖早点小贩的手、公共汽车司机驾驶的手、导护老师指挥交通的手、老师写黑板的手、校工打扫厕所的手、厨工做营养午餐的手、同学勒索打人的手、护士阿姨贴纱布的手……任何一点都可以发挥，怎么有这么多人缴白卷呢？难道心中真的无一句话可说吗？

作文科缺考一向为各科缺考之冠，据统计，今年比去年多了一千五百多份白卷，这透露出一个警讯：我们的孩子不会思考和表达，连不需要破题的题目都不会写。当这么多人连基本的作文都不会时，在小三教“映衬”等修辞学有什么意思？我们该不该检讨一下教学的内容和难度？

新加坡前总理李光耀说，二十一世纪的公民必须有“快速吸取讯息的能力和正确表达自己意思的能力”才能和别人竞争。对于后者我们的学生差太多，连念了十二年中文的大学生在写问答题时还是常常词不达意。报上登有学生文不对题，不管三七二十一，把背好的文章硬套上去，管他是什么题目，这表示我们教学还在死背的阶段，背模板，不教思考。

现在我们一定要开始训练孩子的表达能力了，孩子若是说得不好，父母先不要急着替他说，耐心等他讲完后，把他的意思再讲一遍，问他是不是这个意思，让他了解原来我的意思可以这样表达。但是千万不可叫他照你的话再讲一遍，因为这样就失去跟你谈心的乐趣，变成功课了。

中国父母最厉害的一点就是可以把任何有趣的事都变成功课，也最喜欢打断孩子的话，常说“我知道了，不必说了”，其实很多时候父母并不真正知道孩子的意思，而且就算知道了也要给他一个练习说话的机会，耐着性子把话听完，因为这是个身教：不打断别人说话是种礼貌、是尊重的表现。我们常教孩子不要抢着说话，但是自己却常犯。

很多人质疑思考可以教吗？逻辑不是天生的吗？其实，思考的确可以教，逻辑性的思考也需要后天的训练。因此，现代化教学应该是老师讲得少，孩子讲得多。鼓励孩子把眼睛看到的、心中想到的转换成别人可以懂的话说出来，再逐渐训练他“我手写我口”，达到用文字表达自己意思的境界。

眼睛看字比耳朵听话来得快，快了几乎三倍，在时间就是金钱的现代，电子邮件和简讯几乎取代了电话。我们的孩子要和世界竞争时，必须快速、正确地了解别人的意思，然后正确地把自己的意思表达出来，这一点已经没有争辩的余地了，这个训练必须立刻做，不可再忽视了。

适性发展加上一点点的肯定，可以有很大的成就。

11 生命自己会找出路

好几位妈妈向我抱怨说放暑假反而比开学时更忙，每天忙着接送孩子上脑力开发班、潜能开发班、才艺班，接接送送，孩子还不感激，整天板张臭脸给她们看。我问她们何苦来哉，她们异口同声说怕没有及时找出孩子潜能，误了他的前途，让他输在起跑点上。我听了很诧异。这里面有好几个迷思。

康纳（Bart Conner）是一九八四年奥运会美国男子体操第一面金牌的得主。他小时候并没有什么特别，有一次在家里顽皮，倒立用手走路，被他爸爸看见了，觉得很有趣，客人来时，便叫他出来表演。这一点点的鼓励就使得他在家勤练倒立，用手上下楼梯。在学校里，男生都希望引起女生注意，他没有别的特长，便常在教室中耍宝、倒立行走。有一天被体育老师看到，觉得他有天分，便带他去参观体操训练中心。他一眼看到双杠、单杠和跳马，就立刻知道这是他将来安身立命的地方，一回家便恳求母亲让他练体操，那年他十岁。

一开始，教练不收他，嫌他弹性不够好、骨头不够软，但是他锲而不舍地苦练，终于替美国拿到第一面男子体操的金牌（他后来娶了一九八四年奥运会获女子体操金牌的罗马尼亚选手科马内奇)。康纳自己说“一分天才、九分努力”，他是苦练出来的。

任何领域要成名都得下苦功。孩子如果有莫扎特的能力，我们给他莫扎特的环境，他会成为莫扎特。他如果有莫扎特的能力，但是没有莫扎特的环境，“生命自己会找出路”，他的过程会坎坷，但还是会成为莫扎特。我们最怕的是孩子不是莫扎特，而我们一定要他变成莫扎特，这时亲子双方都很痛苦：父母会很失望，觉得孩子是扶不起的阿斗，孩子会很痛苦，知道自己达不到父母的标准。康纳的例子让我们看到适性发展加上一点点的肯定，可以有很大的成就。

在神经学上没有“脑力开发”这回事。大脑重约三磅，占我们体重的百分之二，却用到我们身体百分之二十的能源，当它用到十倍的能量时，它是不可能只有百分之十在工作，其余的百分之九十闲闲没事干的。大脑是用进废退的，实验已发现，盲人在读点字时，视觉皮质被触觉征召过去用了。连把正常人眼睛蒙住五天都会开始改变他的视觉皮质，去做听觉、触觉方面的事，大脑怎么可能放任百分之九十不做事？

在神经学上也没有“输在起跑点上”这回事。实验已找到终身学习的神经机制，一九九九年瑞典的神经科学家发现，掌管记忆的海马回的神经细胞会长出新的神经元来，大脑不停因外界需求而改变内在神经回路的连接。

教养孩子是顺其天性即可，唐代柳宗元借种树郭橐驼的嘴说得好：要让树长得好，必须“其根欲舒，其培欲平，其土欲故，其筑欲密”。种下去了，不要时时挖起来看，耐心等待，它自然以茂盛的果实来回报你。

人必须觉得自己是情境的主人，对情境有操作权而不是听命于情境，身体才会健康，心情才会快乐。

12 失败比不曾试过好

朋友跟我抱怨，她毕业出来做事没两年的儿子，现在把工作辞了要自己创业。她担忧地说："现在不景气，吃人头路稳稳当当，每个月时间过去就有薪水拿。现在他要自己创业，我不能袖手旁观不帮忙，又担心我的退休金血本无归，临老要流落街头，沿门托钵。"

我看她真的很忧心，就去找她儿子谈。她儿子说他每天上班就头痛、下班双肩僵硬，他知道是压力的关系，老板喜怒无常，他觉得不只是把时间卖给老板，连灵魂都卖给他了。所以想来想去，决定自己创业当老板，不必听命别人。我问他风险，他说："没有失，哪有得？人总是去闯一下，才不负少年头。"

我两边的话都听了以后，决定回头来劝母亲，因为在实验上看过自主权对健康的重要性，很多研究都显示在同一个紧张、快速、压力大的办公室中，职员得心脏病、高血压的几率比经理高，越有主控权的人，得病的几率越少。人必须觉得自己是情境的主人，对情境有操作权而不是听命于情境，身体才会健康，心情才会快乐。

有个经典实验是去一所老人院，跟东厢房的老人说：这里有一盆花，你搬回去房间养，养死了要赔；你每天早晨有一颗蛋可吃，你可以选择要煎蛋还是煮蛋；每周有两部电影可看，你可以自由选择看爱情片还是西部片。实验者跟西厢房的老人说：这里有一盆花，请搬回房间去欣赏，你不必照顾它，护士会每周来浇水；你每天早晨有一颗蛋，一、三、五是煎蛋，二、四、六是煮蛋；每周有两部电影可看，星期三是爱情片，星期六是西部片。

一年以后，实验者回来看老人的健康情况，发现西厢房的死亡率高于东厢房。这两个厢房生活饮食、条件都相同，唯一的差别是东厢房的老人有主控权而西厢房的没有。这是第一个实验显示心理上的主控感觉对生理的影响。

所以父母在某个程度之内，可以给孩子一些对他自己身体、行动的主控权，只要把后果告诉他，让他自己做主，他若甘愿冒风险，请他自承后果。孩子会告诉你，失败的感觉还是比不曾试的感觉好，锦衣玉食无法弥补不能做自己的痛苦。

我劝同事老本留着不要给出去，但是鼓励孩子去创业。人只有做自己才会自在，有主控权才会健康。停在港口的船是最安全的，但那不是造船的目的。

敬业是种最基本的做事态度、是种操守，一个不敬业的人，能力再好也不会成功。

13 学生也要敬业

看到香港城市大学来台湾招募好学生并提供十万港币的奖学金，真是心里一惊，“十年河东转河西，莫笑穷人穿破衣”，以前是香港学生来台湾读书，现在是我们去香港读书了。

这也难怪，现在全世界的大学都在抢人才，因为十九世纪的财富在土地，二十世纪的财富在劳力，二十一世纪的财富在脑力。列强因殖民地而致富，我们也因加工区做代工而经济起飞，现在更要靠创意来致富了。因此各大学祭出各种优惠条件，网罗第一流的人才，甚至派出“学探”，像星探或球探似的，去全球寻找。在国际竞争这么激烈的时候，我们的大学生却没有感受到这股压力，令人担忧。

最近去一所台湾最顶尖的医学院做评鉴，发现上课秩序极不好，已经打钟了，学生才姗姗来迟，进来后，有人吃泡面、有人啃鸡腿、有人打开计算机看连续剧、有人趴在桌上睡大觉，打手机、传简讯的就更不用说了。迟到的同学不是悄悄在后面找个位子坐，而是大剌剌走到他座位的那一排，叫坐在外面的同学起来让他进去，丝毫不尊重同学的上课权。想不到现在连音乐厅、戏剧院开始表演了都不准进场，怕侵害到观众和表演者的权益，知识的殿堂反而更随便，自由进出，好像菜市场，视授课老师为无物。我看不下去，起身离开，后来好奇，再回去看原先睡觉的同学有无醒来上课，结果发现不但原先睡的没起来，又阵亡了更多。假如这是我们大学生的上课态度，我们拿什么去和别人竞争？

就业最重要的是“敬业”，因为那是一种负责任的态度。在早上八点的晨会，我们发现医师不但迟到，连白袍都没穿，当然也还没去巡病房。医师的责任是照顾病患，以往是七点先巡病房，八点再来开晨会，现在是即使来了也是坐在最后面做自己的事，纪律的松散令人咋舌。看到这个现象，就了解为什么台大的校长在欢迎新生时，讲的不是如何立志做大事，而是晚上不要熬夜、不要逃学、要替妈妈洗碗……这些是我们对小学生所讲的话，假如大学生要这样教，我们的大学生还叫大学生吗？那种“风声、雨声、读书声，声声入耳；家事、国事、天下事，事事关心”的读书人抱负到哪里去了？

敬业是种最基本的做事态度、是种操守，一个不敬业的人，能力再好也不会成功，对医师来说，还会害死人。学生的敬业就是做好学生的本分，父母出钱让我读书，主管机构出钱盖了教室、买了仪器栽培我，我要好好学习。这不是八股，这是做学生的基本要求。我念大学时，父亲曾告诫我要好好念书，因为那时公立大学的学费虽然很便宜才几百元，但是单凭几百元新台币的学费是不可能让我坐在台大的教室中聆听大师授课，父亲说我之所以能够享受到这么好的教育，是许多没有考上台大的人他们父母纳的税在让我读书，所以叫我要珍惜，不可辜负那些纳税人的血汗钱。如果自己不想读，何不把机会让给想读的人呢？我相信台湾有很多人是很想进这所医学院读书的，进来了又不好好读书，尸位素餐是最可耻的。

看到学生浪费他们自己的生命，也浪费资源就很难过，曾经有人担心我们下一代会去别的国家做台佣，假如我们自己不觉醒，这个担忧就可能不是杞人忧天。

改革的关键在社会每个人的观念，人的观念改了，制度自然就改了。只是观念是天下最难改的东西，它需要时间。

14 勇敢踏出改变的第一步

有位初三的导师写信给我，信中充满无奈，因为现在距离基测只剩一百多天了，所以全校如火如荼地准备考试。作为导师，他义不容辞地每天陪伴着学生一起准备最后的冲刺。他说孩子每天统一读书、统一用餐、统一午觉、统一考试、统一精神训话、统一放学回家。日复一日，孩子从早读到晚，除了教室还是教室，学校订定目标，校长要求、主任确认、老师紧迫盯人。他问：这种机械式的操练对吗？为什么一个测试学生基本能力的测验会弄得老师、家长和学生天翻地覆，如临大敌，把什么生活礼仪、常规都放下来，只为考试。他问：有必要吗？真的没有别的方法了吗？

这封信我看了心里非常的沉重，这种方法当然不对，它是在扼杀我们的孩子。那么，真的没有别的方法了吗？当然有，问题是社会的观念没有改，只改制度，没有用。而目前的这个制度像只九头怪鸟，砍掉一颗头，又长出一颗，而且新的比旧的更伤人。

其实大家都知道改革的关键在社会每个人的观念，人的观念改了，制度自然就改了。只是观念是天下最难改的东西，它需要时间。从神经学来说，观念就是神经回路的连接，它像草原上的路，上面的草已被踩平，形成大道了，车子在大道上比小路行驶得快。所以一讲到某个观念，人们既有的反应就立刻出来，而且存在得越久，越难改，所谓“根深蒂固”。若要改变这观念，必须新辟一条路，每天走它，将脚下的草踩平，时间久了，这条路就变大了，而原来的路因为许久不走，草渐渐淹没它，最后就看不见了。

孙中山在革命之初，也是到处奔走演讲，当新观念进入老百姓的耳朵，他的大脑便产生新的思考路径，而他眼睛所看到的清廷腐败也会在大脑中强化孙中山所主张的新路。久而久之，孙中山的三民主义取代了这个人原有的清皇朝观念，这个人就被孙中山说服了。

因此，这位老师不要气馁，事情可以从小做起，每个人尽自己的力来改变它：老师可以在教学上，花心思将课本变得有趣；可以在出作业上动脑筋，使学生在动手做时，将困难的抽象概念透过实做化为具体的理解；老师更可以在训话时讲历史故事，让孩子了解忠孝节义的意义。凡事事在人为，锲而不舍，总有成功的一天。

当一所公立中学要交五千元的班费买讲义和测验卷时，我们必须站出来了。五千元可买二十本书，我们怎么忍心孩子在正规课程之外，再念这么多的讲义、考这么多的试？现在已有越来越多的例子让我们看到基测考满分的不是上补习班的，反而是没有上补习班、在家广泛阅读的。其实家长最知道自己的孩子，不是每个孩子都需要补习的，只要家长有勇气敢跟别人不一样，补习的风气就可以慢慢遏止。当大家看到明星学校出来的孩子在人生的路上也没有什么特别时，抢名校的风气就可改变了。

每个孩子是不一样的，为了孩子，让我们勇敢地踏出改变的第一步吧！

在神经学上，我们看到经验最能促使神经的连结，学习的效果也最好，所以受到批评没有关系，有批评才有改善。

15 行动三分财气

新加坡国家图书馆管理局处长高丽连女士不久前来台湾访问，她是“读吧！新加坡”这个运动背后的主要推手。新加坡现在推全民阅读，不但所有行业（包括出租车司机、理发师、医师、护士等）都组识读书会，甚至连坐飞机的旅客也没闲着，在飞机上，空中小姐会推着小车，除了咖啡饮料之外还提供书籍给旅客阅读。我们的行动图书馆是在地上跑的，一辆小卡车，上山下海，全省走遍；他们更厉害，是天上飞的。他们的阅读运动推得很彻底，举办六天的阅读马拉松，让阅读成为跨族群、跨行业的全民运动，新加坡的执行力令人咋舌。

执行力其实就是动手去做，彻底达成目标。蒙古有句很好的谚语“用嘴巴杀死的猎物搬不上马，用言语杀死的猎物剥不了皮”，实做才有用，其余都是空谈。新加坡不但执行力强，反省的能力也很强，李光耀还在做总理时，有一次，香港批评新加坡人没有服务的 DNA，这句话相当严重，表示先天没有这个基因，教也没有用，是不可能改善的。李光耀总理没有反唇相讥，或说香港人不懂新加坡文化，反而是聘请莱佛士（Raffles）顾问集团找出服务差的原因、设计课程，将新加坡的服务质量大大地提升起来。当时李光耀总理讲了一句话："漏气不会死，没气才会死。"叫新加坡的人民不要气馁，知错必改就好。他说："唯有深度自我期许的社会才乐于检讨，唯有检讨之后，积极有效的行动才能使自己进步。"

的确，清初颜习斋就说"恶人之心无过，常人之心知过，贤人之心改过，圣人之心寡过"，他并未说"圣人无过"，他只说"寡"过，少一点而已。孔子也说"人非圣贤，孰能无过"，可见只要是人，就不可能无过。新加坡小国小民，能够成为亚洲四小龙，跟他们的领导人有气度、可以接受批评有很大关系。

人类文明能够进步这么快，有一个原因在于有人敢冒险犯难、挑战未知。如果做与不做的几率都是百分之五十时，应该要做，因为一动就改变了几率，就不是 dead lock，就有致胜的机会。所谓"行动三分财气"，天天坐在家里是不会有钱从天上掉下来的，一定要出门，好运气才会让你碰到。多做当然有可能多错，但是漏气不会死，改过就好，只怕不认错，不认错就没有改进的机会，没气才会死。

明万历进士吕坤在《呻吟语》中说："有过是一过，不肯认过又是一过，知有过而不认，将流于恶，可不畏哉？"流于恶才是最可怕的。《周易》说："无咎者，善补过也。"犯错无妨，补过即可，只要不犯第二次过都没有关系。在教学上，我们鼓励孩子动手做，从做中学，即所谓的 hands-on。在神经学上，我们看到经验最能促使神经的连结，学习的效果也最好，所以受到批评没有关系，有批评才有改善。

现在新加坡的服务是人人称善，我们一定要让孩子知道动手实做是一切的根本，"执行力"才是决定胜负的指标。

其实思想与学说是一脉相传的，不知过去怎么想，就不会了解为什么理论会走到现在这个样子。

16 不知过去，怎知未来？

在飞机上碰到一个回台探亲的美国高中生，他很有礼貌地问可否与我谈话，因为他暑假作业中有一项是“在安全的环境下与陌生人谈话五分钟”。我觉这项作业很好，可以训练孩子社交与表达的能力，就同意了。在交谈中，我很惊讶他居然知道我们神经学的祖师爷卡哈（S. Ramon Cajal），也知道他在一九〇六年拿到诺贝尔奖。我问他为何知道这些冷门知识？他说学校有开“生物学的现代趋势”，为将来走生物科技的学生做准备。我说：“生物科技一日千里，新的都读不完了，怎么还有时间读到上个世纪的卡哈？”他说：“为什么不呢？不知过去，怎知未来？”答得好，的确，“不知生，焉知死”。

我一直为我们的教育不注重历史而忧心，很多人都认为科技只要知道现在在做什么就够了，其实思想与学说是一脉相传的，不知过去怎么想，就不会了解为什么理论会走到现在这个样子。不知历史的危险还包括把前人已经做过的当做自己的创新发明。西北大学的著名心理学家安得伍（B. W. Underwood），年轻时曾经在心理学年会上兴奋地报告他的新实验，当他讲得口沫横飞时，一位老先生站起来说：“年轻人，这个实验我在一九二四年就做过了。”他说他当时窘到恨不得有个地洞可钻，从此不敢忽略文献与历史。

主管机构现在正在大力推世界观，很奇怪的是，许多人把世界观跟英文画上等号，好像英文好就是有世界观。其实要有世界观，先要有世界历史的背景知识。一九七六年我去爱丁堡开会，在路上跟一个苏格兰人打招呼说：“今天天气很好”，他微笑说：“是的，但是千万不要告诉英格兰人。”我听了很惊讶：“难道你不是英国人（English）吗？”他正色说道：“不是，我是苏格兰人（Scottish），我们是联合王国（United Kingdom）。”我觉得很奇怪，明明历史课本就写英伦三岛：英格兰、苏格兰、爱尔兰。后来碰到爱尔兰人又问了一下，他的反应就更激烈了，告诉我爱尔兰和英格兰人不同文、不同种。

回到美国后，我查了百科全书，才知道英伦三岛的人的确是不同文、不同种。英国女王伊丽莎白一世终身未嫁，十七世纪初过世后没有子嗣，所以由苏格兰王詹姆士一世入主英国，苏格兰才和英格兰结合在一起。如果不知道他们过去的历史，在国际场合上就可能说错话得罪人。世界观的培养不是说说英文而已，得先了解每个国家过去的历史，才能进一步了解现在的世界情况。在外交上，就算要见缝插针，也得先知道缝在哪里，才插得进去。

现在世界已是天涯若比邻，朝发夕至，不论贸易和外交，我们都需要有国际观的人才。或许我们可以调整一下现在高中的课程，不要排那么紧，留一点时间给学生读一些历史上的恩怨情仇。不念三国，怎么会了解“既生瑜，何生亮”的无奈，又怎么会产生“浪淘尽千古风流人物”的情怀呢？

第四章　神奇的脑

过去，我们认为大脑定型了不能改变，但是现在有许多实验都显示，大脑其实一直不停地因为外界的刺激而改变内在神经回路的连接。

1 大脑会依外界的刺激改变

二〇〇九年九月份的《美国国家科学院学报》（PNAS）中，有一篇论文报导四川地震后才二十五天，灾民大脑就改变了。研究者用核磁共振比较四十四位灾民和三十二名正常人大脑的血流量情形，结果发现前额叶皮质（prefrontal cortex）、边缘系统（limbic system）和纹状体（striatum）以及前运动皮质辅助区（pre-supplementary motor area）比一般人活化，但是边缘系统到纹状体的回路却减弱了。前者是处理情绪的地方，这个地方太过活化会带来焦虑、创伤记忆的回忆、恐惧和痛苦。后者是在时间压力下必须做决定时会活化起来，它负责调节压力处理的回路：从下视丘（hypothalamus）到脑下垂体（pituitary），到肾上腺（adrenal）。

过去，我们认为大脑定型了不能改变，但是现在有许多实验都显示，大脑其实一直不停地因为外界的刺激而改变内在神经回路的连接。这个改变非常快，以前在猴子大脑中，看到把猴子的中指截肢后，三个月之内，运动皮质区原来掌管中指的部位会被食指和无名指瓜分。但是最近在人类的实验上发现不需要到三个月，只要把正常人的眼睛蒙起来五天，他的视觉皮质区就已经开始处理听觉和触觉的讯息了。有产后忧郁症的母亲，也要赶快把孩子抱去给别人带，因为婴儿才一岁，大脑已不正常了。哈佛、耶鲁医学院都报告受虐儿的大脑连接两个脑半球的胼胝体比较小，小脑蚓部的血流量比较少，海马回神经细胞的死亡比较多。这一切都指向大脑会依外界的刺激而改变，而且是一直不停在变。

既然大脑会因为环境而改变，那么灾区的重建除了硬件之外，还应该在最短的时间之内减少大脑因压力创伤而造成的伤害。研究发现运动是个最好的方法，大量运动后所产生的多巴胺、血清张素可以纾解压力，减少焦虑，在临床上已看到运动可以替代百忧解和利他能等治疗忧郁症的药效。

运动跟学习也有直接的关系。我们在运动时大脑自己会产生神经滋长因子 BDNF，它像个营养剂，把它滴在细胞培养皿的神经元上，神经细胞会长出新的分枝，增加学习所需的神经连结。而且它会制造血清张素和麸胺酸，刺激更多的 BDNF 受体生长，增加神经元之间的连接，固化记忆，尤其是长期记忆。

运动时还会分泌另一种血管内皮生长因子 VEGF（vascular endothelial growth factor），帮助建造新的微血管，所以运动对健康有益。主管部门在重建硬件的同时要多盖运动场所，鼓励灾民运动，尽量避免忧郁症或创伤后症候群的发生。

园艺亦是一个很好的治疗方式，因为“生长”本身就是希望，是个正向的情绪。看到报上灾民急着复耕而相关机构不准，因为复耕地为河川地或尚未规划完成之地。其实，主管部门可以暂时先提供一些可耕地让灾民复耕，一方面蔬菜长得快，二十天左右就有收成，有物可卖就有钱进来，这对焦虑的心灵是个很好的安抚；另一方面耕种本身是运动，可减缓焦虑。只要让灾民知道一旦规划完成，不适耕种之地必须放弃另到合适地方去种即可。

救灾千头万绪，但是心比物重要，有希望，日子就过得下去了。

强烈的情绪一次就足以造成孩子的伤害，大人切不可无缘无故去吓孩子。

2 强烈影像的杀伤力

最近在报上看到有个小学一年级的导师在班上放了吴道子所绘地狱图的影片，造成孩子恐惧、无缘无故大哭、晚上作噩梦、不敢一个人睡、不敢夜里起来上厕所等情绪创伤的症状出现。报上刊载校长说“只有一次”，意思是说没有关系，只播了一次而已。但是，强烈的情绪一次就够了，它可以穿越失忆症的厚墙，使失忆症者记住这个事件。

一九六二年，美国有一个年轻的海军上尉在练习西洋剑时，不小心被对方的剑刺入眉心，破坏了掌管记忆的海马回，得了失忆症。后来他连镜子中的自己都不认得，因为他所记得的自己是二十四岁的青春模样，但是他记得一九六三年肯尼迪总统被刺的事件。那天，他在电视上看到这个悲剧，当场震惊得说不出话，泪流满面，后来我们发现，每一年的十一月二十二日他会去所住医院的病人休闲室看电视，每次看、每次流泪，他知道肯尼迪总统已经死了，但是记不住谁接替肯尼迪做总统。强烈的情绪一次就足以造成孩子的伤害，大人切不可无缘无故去吓孩子。其实我们从苏建和案就知道，那位目睹父母被杀的孩子大脑受到永久性的伤害，使他智力萎缩，退化到幼儿园的程度，所以不可低估情绪的威力。

有人说孩子只是看了 DVD，并没有亲身下油锅或上刀山，但是在实验上已经知道，恐惧不一定要亲身体验才会造成伤害。这个实验是先请受试者躺在核磁共振仪中看一部短片，实验者告诉他“等一下你就要做同样的事”。片中的男子手被绑在仪器上，当计算机屏幕出现某个几何图形时，这个人就会被电击，脸上露出痛苦的表情。影片播完后，受试者就开始做这个实验，但被告知几何图形出现时不一定有电击，它的几率由计算机随机安排（电击其实从不曾出现过，只是让受试者误以为会出现而已）。

实验者比较受试者在看短片和等待自己电击时大脑的图片，结果发现看别人和预期自己被电，大脑活化的地方一样。难怪我们有“杀鸡儆猴”“杀一儆百”的成语，古人没有看到大脑内的情形，却从经验上知道它的效果是一样的。所以就算学生没有亲身下拔舌地狱，看 DVD 的效果是一样的，因此不能说只是给孩子看，又没有叫他亲身尝试，没有关系。

其实这不但有关系，而且大大有关系。孩子的想象力丰富，有时他们想象的恐惧比实际的还要强烈。我小时候，妈妈向邻居借了一本李费蒙（牛哥）写的《湘西赶尸记》，她随手放在缝纫机上，但是封面可怕的僵尸吓到了我，从此我不论白天或晚上都不敢单独经过缝纫机那个角落，如果一定要过，就很快地跑过去。我对童年事情记忆不多，但是这件事印象深刻，而且连带对缝纫机也很恐惧，始终学不会踩缝纫机。

每个孩子对恐怖刺激的反应不相同，研究发现：同一张恐怖图片，有的孩子看了没感觉，有的会吓到尿床，这是先天脾气个性的关系。但是只要有孩子不想看，老师就不能勉强全班都要看，更不能说是学生要求的。学生才小学一年级，怎么知道有地狱图这个东西呢？这里不是怪老师，因为不知者不罪，但是，希望以后师资培训时能多一点儿童大脑发展与情绪关系的课程，让老师知道，伤害不因无心而减少后果。

学习是神经回路的活化，一个刺激透过眼、耳、鼻、舌进入大脑时，它会激发一连串的神经回路。我们的记忆就是神经回路的连接，学习次数越多，它的回路连接越强。

3 学习的两大要件：情绪与动机

很多学生一听到“学习”两个字就皱眉头，脸上显出厌恶的表情，其实这是误解了学习的意义。人从一出生就在学习，而且不管你愿不愿意，除非眼睛闭上睡着了，不然你是无时无刻不在学习。学习不一定是指课业上的，任何改变你神经回路连接的历程不是学习。婴儿一张开眼，大脑皮质就开始活动，忙着将环境中的讯息收进来与过去已存在的相比对、分析，找出它的意义。没有这样不断的吸收外界信息，将它内化成自己的知识，再经由已内化的知识去更详细搜集分析外界知识，我们会成为一个什么都不懂的废人。

现在的我们其实是过去所有经验的总和，我们可以从一个人的过去预测他的未来行为，最主要是每个人都是他过去行为的集合体。在大脑中有看到我们的一举一动、一言一行都会改变我们自己的神经连接，也会改变对方的大脑神经连接，即施与受者都会因为某一行为而产生改变——打人的人和被打的人他们的大脑都会因为打这个行为而产生改变。古人虽然不知道大脑的情形，但是要我们谨言慎行是对的，因为大脑真的会因行为而改变。

有个很好的例子可以让我们看到，如果没有背景知识，眼睛是有看没有到。

眼睛正常并不代表就能正常看到环境中的物体，它还需要过去背景知识的协助才能辨识。有个先天性视盲的人，在盲了四十年之后，因善心人士捐赠眼角膜重获光明。但是他可以看得见光，却分辨不出物体：每一样东西用看的都不认得，但是眼睛闭起来，用手摸时，他就能马上说出物体名字。所以研究者知道了触觉和视觉并不能直接转换，他经过很长一段时间不断的学习将手摸的感觉与眼睛看到的视觉联结后，终于学会了看东西。但是他对三度空间还是不能理解，有一次他站在窗户前面跟他太太说："对面人家为什么挂了一条大白布？"他太太趋前一看，才知道是邻居的车道，因为阳光很强，照在柏油上反光，看起来是白的，他以为是一块大白布。他的两只眼睛没有同时看到一个东西，没有办法学习三度空间。

从小猫的实验上，我们知道三度空间的学习是在很小时就完成了，小猪、小羊、小鼠一出生就有深度感，不敢站在高处。我们从来不知道自己是什么时候学会生活的一切，但是因为眼睛、耳朵一张开，学习就在进行，所以我们不知不觉就会了。这种内隐的学习是我们学习的第一种方式，是最原始的学习。事实上，我们小时候是非常喜欢学习的，我们总是迫不及待地想赶快睁开眼睛去玩，晚上即使很累了，也舍不得睡，希望再多玩一下。所以不要以为学习是无趣的，我们会不喜欢学习是因为它带给我们压力、恐惧。事实上，只要了解学习的神经机制，学习不是这么困难。

从大脑来说，学习是神经回路的活化，一个刺激透过眼、耳、鼻、舌进入大脑时，它会激发一连串的神经回路。我们的记忆就是神经回路的连接，学习次数越多，它的回路连接越强。下次要用时，活化的速度就越快，就能够脱口而出了。所以很多人背书时一定要从头背起，如果老师抽背，从中间背起时，他会结结巴巴一阵子，然后又流畅起来。原因是每个神经元都可以有一千个以上的连接，当半路被提起背书时，一开始，这个神经元和别的不相干的神经元的连接也会被活化起来，所以会结巴不顺畅，但是再多背了几句之后，它又找到原来连接得很紧的那条路，背书又流利起来了。就好像走大路时可以走得很快，然而一旦偏离了主道，有一阵子要摸索，希望这条小路会连回大道，一旦上了大道，速度又可以快起来了。

所以就心理学而言，记忆是神经回路的活化，而遗忘是提取线索的遗失。如果想背熟一个生字，你可以把这个生字贴在很多不同的地方，如浴室的镜子上，刷牙时可以看一下；厕所的水箱上，上一号时可以瞄一眼；冰箱的门上，找东西吃时可以背一下生字。总而言之，生字是看到的机会越多，记得越牢，因为每一次看它都会活化一次这个字的神经回路，活化的次数越多，神经回路连接得越紧密，下次起个头它就像拎粽子一样跑出来了。而且如果在许多不同的地方都看到这个生字，每个地方都是一条提取线索，即使其中一条断了，还有许多条可以用。

外面有许多记忆补习班，他们所教的不过就是增加提取线索的强度而已。如透过联想力将这个字与另一个已很熟悉的东西联结在一起，或去特别找出这个字独特的地方，当想起独特的地方时，就联想起这个字。在这么多增强记忆的线索中，最有效的就是情绪，它可以增加记忆强度，因为大部分的学习都偏重记忆，所以学习的两大条件是情绪与动机。

在神经学上要使学习有效必须先激发学生的动机，主动的学习才会使神经连接。我们看到了终身学习的神经机制，大脑可以不停地因外界需求而改变内在神经的连接，又看到了动机才能激发神经回路的活化，使学习在大脑中留下痕迹。所以现在很多国家都在改变教育方针，如瑞典和芬兰都不再用纸笔测验，而改用上台报告的方式，只有真正懂才可能从嘴里说得出来，知道自己在讲什么的人不需要看小抄。

学习最后的目的是造成行为的改变，从大脑研究中知道要改变行为应该从观念改变起，所以现代的学习会比我们祖先的时代更有效，我们知道了学习的神经机制后，就能够利用自己的长处去学，就可以事半功倍了。

艺术教育所带来的反思智慧，使我们可以控制原有的冲动或紧张反应，使自己的行为更合理。

4 后天的学习可改变先天的设定

我的孩子在美国念博士，我看到他的选课单中有视觉艺术的课，觉得很讶异。我知道他在大学时的通识课中已修过了，为什么还要再修呢？他告诉我：老师说念计算机的人，平常接触的都是0与1的程序语言，但是人世间很少事是绝对黑与白的，所以要他们去修艺术的课，因为艺术没有绝对的答案，不但不是非A即B，而且很多的时候是有时A，有时B，或A、B兼有。艺术的课多修一点，可以提升他们美学的层次，也帮助他们打开心胸，接受不同的事物。

我听了很感动。英国诗人济慈（John Keats）就说过："美即是真，真即是美。那是你在世界上所知道的一切，也是你只需要知道的一切。"老实说，这个美育就是我们现在最缺乏的，因为大家心中没有美，所以万事向钱看。现在主管机构在谈减税，但是文化界强力提出每个家庭五千元艺文免税的案却仍在研议中，这件事从民间的看法是好事，主管机构若能把减税额拿来做艺文减免，不但有剩，还会有提升全民美育的实质效用，何乐而不为呢？

现在学校里教的一向是知识的智力，但是在日常生活中，我们更需要的是反思的智力，这种看事情不是二分法的圆融能力会使我们的人际关系更融洽，工作更顺利。这个反思的智力甚至可以改变先天脾气所造成的人格。

哈佛大学的心理学教授凯根（Jerome Kagan）曾经给一群四个月大的婴儿每二十秒看一件新玩具，不停地看，结果发现有些孩子喜欢新奇的东西，很高兴，有些孩子不喜欢，号啕大哭。他又乘这些婴儿不注意时，在他们背后弄出很大的声响，那些喜欢新奇事物的婴儿会转过头去看发生了什么事，而那些不喜欢新奇东西的孩子则吓得大哭。

凯根推测这些退缩孩子的杏仁核（大脑皮质下一个类似杏仁状的神经组织，是情绪的中心）过度活化，新奇东西与大的声音对他们来说是过度刺激。大脑中的杏仁核侦测到不寻常、有威胁性的事物时，会活化起来，这条神经回路活化低的孩子个性比较外向、好冒险，活化程度高则较易害怕退缩。

多年后，当年被凯根认定为杏仁核过度活化的孩子已长大成人，他把他们重新找回实验室，扫瞄他们的大脑。结果发现这些孩子（应该说大人，因为已经二十多岁了）的杏仁核仍然对不寻常的事务过度反应，跟他们小时候一样，但是大脑却能透过已经发育完成的前脑，以理智的方式处理这些过度反应，所以以前很害怕会退缩的孩子有百分之七十发展出健全的人格。也就是说，虽然神经结构还是一样，但是大脑透过后天的学习可以用认知的方法改变先天的设定。

人可以靠自我觉察来开、关或活化一条新的神经通路，这是大脑的新发现，也是艺术人文可以帮忙的地方。艺术教育所带来的反思智慧，使我们可以控制原有的冲动或紧张反应，使自己的行为更合理。艺术教育的经费不但不能省，还应该增加，因为心智是所有行为的根本。

过去看不见、摸不着的心智结构，如道德信念、意图、喜好，甚至意识，现在都渐渐在大脑中看到了。

5 看得见、摸得着的心智结构

一九八八年诺贝尔物理奖得主列德曼（Leon Lederman）曾说，科学是一条很辛苦的路，“长时间，少薪水”（long hours and low pay），那么，为什么还有人愿意走呢？因为获得新知的喜悦是别的东西无法比拟的。这种内在的驱力使得科学家埋首研究，常常不知外面世界的改变。一九〇四年诺贝尔生医奖得主巴甫洛夫（Ivan Pavlov）的助理有一次上班迟到，因为俄国正在闹革命，街上走不通。巴甫洛夫对他说：“下次革命时，早点出门。”

这种新知的喜悦在功能性核磁共振（fMRI）和脑磁波仪（MEG）等脑造影仪器发明之后，更是泉涌而出。我们现在可以在活人大脑中看到人怎么作决策，有没有说谎，怎么处理悲欢离合的感情问题。过去的黑盒子，一点一点地被打开了，那种兴奋真是不可言喻的。

现在科学家看到为什么《乱世佳人》中的郝思嘉要说真话，因为说真话时，大脑活化的是愉悦中心，而说谎话时，大脑活化的是厌恶中心，难怪只要有良心的人，说谎后心情都不好。科学家也看到在感情上被人拒绝、在学校中被人排斥时，大脑活化的地方跟我们身体实际感到痛是同一个地方。过去看不见、摸不着的心智结构，如道德信念、意图、喜好，甚至意识，现在都渐渐在大脑中看到了。新科技挑战了过去我们对人性的看法，也看到了为什么中国人会说“人争一口气，佛争一炷香”。

有个研究很有趣，实验者给甲一百元，请他随意跟乙分享，多少不拘，假如乙嫌不够，他可以拒绝，这时甲的钱就被实验者收回，两人都没有；但是假如乙接受甲的馈赠，那么甲的钱就是一百元减去给乙的钱。例如，甲给乙三十元，那么甲自己就拿七十元。就自我利益来说，不论甲分乙多少钱，乙都应该接受，就算只有一元，也比完全没有好。但是实验结果并非如此，只要乙觉得甲不公平，看不起他，就宁可大家都没有；也就是说，乙心中一旦觉得不爽，就宁可自己没有，至少也要让甲没有。实验发现只要少于甲的五分之一，就有百分之七十六的人会拒绝，如果是三分之一，就有百分之六十七的人愿意接受。

实验者在受试者作决策时扫瞄他的大脑，发现受试者大脑的背侧前额叶皮质（DLPFC）有大量活化，显示认知在控制感情的冲动，假如这时用低频率跨颅磁刺激（TMS）去中断右边背侧前额叶皮质神经的活动，那么，受试者就愿意接受不公平的待遇，而且尽管他心中觉得不公平，他还是会接受，即意念与行为分开了。但假如甲是计算机而不是真正的人时，乙就愿意接受计算机随机分给他的任何钱，即使少于五分之一也没关系。这就很有趣了，因为可见问题不是在钱，而是在感觉公不公平上。神经科学家很早就知道人不是理性的动物，但是用实验这么清楚看到，这还是头一次。难怪英国哲学家罗素（Bertrand Russell）会说：“有人说人是理性的动物，我这一生一直在寻找支持这个论点的证据。”人真的不是理性的动物！

列德曼说虽然时间长、薪水少，但是只要这工作是有意义的，就没有关系。人生最美满的事，是做自己喜欢做的事，有人付钱给你做，还求着你做。许多得诺贝尔奖的科学家都很长寿，大概就是这“乐在其中”的关系吧！

公权力对家暴事件一定要介入，不可再说“清官难断家务事”了，因为现在不管，将来得付出沉重的社会成本。

6 长期受虐会改变大脑结构

中国人说“虎毒不食子”，但是从最近发生的几件虐童事件看来，这句话竟是错的，因为下毒手把孩子丢到锅中去煮的、打断扫帚柄的竟然都是亲生父亲，真是骇人听闻。不可思议之余我们要问，为什么现在有这么多的虐童案？比人类低等的动物都有恻隐之心，打败的动物只要做出臣服的姿势——跪下来、颈子伸长“引颈待戮”，对方就会放它一马，为什么人会对没有自卫能力的亲生孩子下这么狠的毒手？

在实验上，我们看到受虐儿长大变成施虐者，美国威斯康星大学的哈洛（Harry Harlow）教授将小猴子一出生就与母亲隔离，给它一个绒布的妈妈、一个铁丝网的妈妈，绒布的温暖，身上没有奶瓶；铁丝网的冰冷，身上有个奶瓶，小猴子可以吸吮。结果发现，小猴子所有时间都抱着绒布妈妈，只有肚子饿时才会过去铁丝网妈妈那边，一吃完又马上回到绒布妈妈身上。如果给它新奇的玩具，他会一只脚钩着绒布妈妈的身体，尽量地往前延伸自己身体使能摸到玩具。所以孩子最需要的是安全感，父母的情绪不可以喜怒无常，使孩子无所适从。这些小猴子长大后，实验者发现它们不能正常地交配，用人工授精的方式让它们怀孕之后，它们会把亲生孩子虐待死，施虐的方式非常残忍，用嘴咬、用手撕、把小猴从笼子顶往下摔，所用的手法也是令人匪夷所思。

当然更多的虐童案是来自同居人，这种“灰姑娘效应”（Cinderella Effect）在动物界也常见，但人类社会的复杂，加上毒品药物的冲击，使虐童的事件越来越残忍，令人触目心惊。

我们不能再忽略影视媒体暴力的影响了。科学家已在受虐儿的大脑中发现他们联结两个脑半球的胼胝体比较小，小脑皮质的血流量比较少，因此他们常情绪不稳定，一点小事就大发脾气。长期受虐竟然改变了大脑的结构，因此公权力对家暴事件一定要介入，不可再说“清官难断家务事”了，因为现在不管，将来得付出沉重的社会成本。

研究者发现暴力有基因上的关系，在X染色体P 11的地方，但是基因的影响只占百分之二十九，其余的百分之七十一是后天环境的潜移默化。一个孩子从小在家里看到父母用拳头解决事情，或在学校中被老师羞辱及体罚，这些负面的经验会使他在潜意识中，认为打人是可以的，我父母都打人，我的老师、主任、校长都打人。他将来遇到挫折时，会想都没想，手就伸出去打人了。

受虐儿变成施虐者是个可怕的恶性循环，一定要遏止。孩子是上天的福赐，许多人想要孩子而要不到，有孩子的人应该要感恩。父母不要把自己做不到的事投射到孩子身上，造成他的压力，任何事只要超越孩子的能力就是压力；也不要迁怒，把孩子当出气筒。孩子是我们生命的延续，应该疼惜他、爱护他。

人可以从情绪着手，改变心情，最后稳定成性情。

7 从改变想法来改变心情

最近有个实验很有意思，实验者请受试者躺在核磁共振仪中看一张图片，请她体会图片中人的心情。乍一看，这是一张葬礼的图片，教堂外面停了一辆满是鲜花的灵车，一名妙龄女郎在旁哭泣，所以受试者感到悲伤，在看图片的当时，实验者扫瞄她的大脑。几分钟以后，实验者跟她说，这张图其实另外有意义，请她重新思考一下。这时受试者就发现，原来这不是葬礼而是婚礼，那辆满是鲜花的车不是灵车而是车身加长的礼车，女郎的哭其实是喜极而泣。才一转念，大脑活化的区域就全然不同了。

在重新思考时，前额叶某个区域活化得非常强，它抑制右边杏仁核的活化，告诉它，不必悲伤，这不是丧礼。虽然是同一张图片，我们对它的看法不同时，所引发的情绪不同，感觉就不同了。所以痛苦不是来自事物本身，而是来自你对它的看法。这个实验告诉你：你有能力随时改变你的想法，决定你自己的快乐。人可以借由意识（前额叶皮质）控制情绪（杏仁核），因此现在治疗忧郁症都是尽量教病人改变他原先对事情的解释形态，从改变想法来改变心情。只要病人真心愿意改，他都可以透过意志力做到。

我们常听到别人说："我就是这样，这是我的个性，合则来，不合则去。"这态度是不对的，人可以改变性情，因为情绪通常只维持几秒，心情可以维持一天，但性情是终身打造，人可以从情绪着手，改变心情，最后稳定成性情。只是看他愿不愿意而已。《背影》的作者朱自清知道自己动作慢，所以给自己取的字是"佩弦"，提醒自己要快一点。古人也在桌上放"座右铭"，来勉励自己苟日新，日日新，又日新。

当我们可以实际看到大脑内部的工作情形时，我们应该有碰到不好的事情时重新思考的智慧，跳脱原来的角度，登高再看。很多时候，我们只要跟朋友把刚刚发生的事，用语言陈述出来，情绪就会好很多。因为当我们把事情讲出来时，我们重新评估了这件事，就可能发现刚刚太冲动了，自己的反应太快了。额叶皮质跟杏仁核是相互消长的，人思考后就会冷静下来，古人说"小不忍则乱大谋"就是这个道理。我们只要记住丹麦哲学家齐克果（Soren Kierkegaard）的一句话，每天都可以过得很快乐。他说："生命只有走过才能了解，但是必须往前看才活得下去。"

快乐不是客观的条件，是主观的内心感觉。

8 快乐掌握在自己的意念中

现在很多年轻人一心“追求”快乐，甚至为了快乐牺牲做人的原则，殊不知快乐是个心理状态，它是因对自己或他人的加值而从心中自然产生出来的感觉。在大脑中负责把外界经验解释为自己感觉的部位叫脑岛（insula），在功能性核磁共振的实验中，被人称赞、帮助别人解决困难时，大脑这个部位会活化起来。

快乐不是客观的条件，是主观的内心感觉。例如，在路上捡到一百元，对丰衣足食的人而言，它连买个像样的便当都不够；但对饥寒交迫的人来说，至少可以维持三天的温饱。同样一百元，两人的快乐感觉就不一样了。因此，中国人的快乐都是从“心”做起，孔子的“温良恭俭让”、司马光的“训俭示康”都是教孩子要勤俭，俭则寡欲，无欲则刚，不受人牵制。古人知道烦恼皆从心起，心安，快乐才会出现。

如果快乐是由比较而来，那么快不快乐其实关乎自己的心态。多年前在宾州读书时，冬天大雪，穷学生没有钱买车，只能步行上学。雪深及膝，行走困难，尤其雪被汽车压过后结成很滑的冰，每天都得小心翼翼地走路，生怕摔断了腿，无钱付医药费（那时候才真正体会到“如履薄冰”的滋味）。后来有同学拿到学位去就业，便把他的旧车送给我们，我们真是喜出望外，虽然车门被撞凹不能开，必须从窗户中爬进爬出，但是至少比在雪地中行走好多了。这部车一直用到我们自己出来教书，才传给下面一位同学。做教授后，经济宽裕了，买过许多车，但是这部车带给我们的快乐感却是别的车比不上的。

快乐是比较的感觉，还有另外一个例子：某甲向老板要求加薪不成后，忿忿地说：“这样吧！既然公司营运不好，不能加我薪，那么你把乙的薪水减少一点，我就甘愿了！”也就是说，薪水多少不是问题，只要我比你多就可以了。这是人爱比的天性。

知道人性如此，不去跟别人比，快乐就自然产生了。在脑造影的实验中，给受试者看名车的相片时，他大脑中脑岛和扣带回两个掌管正向情绪的地方会活化起来，给他看名不见经传的杂牌车时，大脑活化的地方不一样。因为脑岛是我们动机驱力的所在地，只要没有想要的欲望，就不会有要不到的苦恼。看到控制自己快乐的大脑地方，就更确定了快乐是掌握在自己的意念之中，人真是没有理由不快乐的。

要去除这种不确定性的焦虑，唯一的方法就是争取主动，如果操之在我，这个不确定性就大大减少了。

9 期待可以打败焦虑

朋友的先生出了车祸，前额叶皮质受伤了，她打电话向我抱怨："他以前是个啰唆婆，担心这个、担心那个；现在，什么都不烦心，好像天塌下来有别人顶。"我说："那不是很好吗？"她说："可是他也失去规划的能力，问他今天下午要做什么，他都答不出来。"她所描述的正是这种病人最显著的症状。透过这些病人，我们才了解原来"焦虑"是跟"未来"有关，不能想到未来，焦虑也就消失了。

演化要我们未雨绸缪，总是去想未来，但是未来充满不确定性，所以不分中外，人都喜欢算命，虽然算命不一定准，但是多知道一点未来的讯息心比较安。人对确定性的需求可由下面这实验得知：这个实验是让自愿者接受二十次电击，一组是二十次强电击，另一组是随机出现三次强电击、十七次弱电击。结果，弱电击组的心跳比较快，汗流得比较多，比较害怕，因为他们不知道什么时候强电击会出现，无法预知未来，所以比另一组更焦虑。

要去除这种不确定性的焦虑，唯一的方法就是争取主动，如果操之在我，这个不确定性就大大减少了。美国的研究发现，大企业中，职位越低的，消化系统的毛病越多，大老板天威难测，小职员每天战战兢兢，不确定性太高，日子难过。

演化虽然使我们容易焦虑，但是它同时也给了我们一个补救的方法，就是当痛苦的结果是愉快时，我们会忘却前面的痛苦，只记得后面好的感觉。有一个实验请自愿者把手伸入冰冷的摄氏十度水中六十秒，同时用电子量表回报他的不舒服感觉，同一个人在另一个实验情境中，是要把手浸在水槽里九十秒，前面的六十秒是十度的水，但是后面的三十秒水温升到摄氏十五度，所以长、短组都是六十秒的冷水，但是长组外加三十秒的温水。在当场，长的比短的痛苦，但是在做完实验五分钟后，实验者问如果再做一次，他们要选长的或短的组时，竟然有百分之六十九的人愿意选长的，因为长的最后三十秒是比较不痛苦的。我们的大脑记住了最后好的感觉，这是为什么女人生孩子那么痛，下次还敢生，因为她只记得美好的结局，过程的痛苦会忘掉。

看到大脑的这些特性，我们可以想办法减少自己的焦虑，若是无法争取主动，可以在脑海里放一些最喜欢的歌、最想做的事、最喜欢吃的东西，“期待”会激发大脑中的多巴胺，多巴胺跟正向情绪有关。所以虽然造命者天，立命者仍然是我，把握住这点，人就不会忧郁了。

人会不自觉地模仿团体中多数人的行为，这是自保。

10 大脑对“自己人”的差别待遇

最近有个研究很有趣：实验者请中国人和美国人看一些别人痛苦的图片，然后用核磁共振仪扫瞄他们的大脑。结果发现中国人在观看中国人受苦时，大脑前扣带回（anterior cingulate cortex）活化得比看美国人受苦时强，反之亦然。同时，看到自己的朋友受苦时，不论国籍，只要是属于自己小圈圈的人，前扣带回的活化就比看到不认得的人受苦时来得强。这真是一个令人茅塞顿开的发现，它解释了很多我们日常生活所看到的现象。

我们都有这种经验，办任何事，只要跟办事人员扯上关系，不管这关系多么遥远，就方便得多，哪怕那个人是你同学弟弟的同学，或是你表嫂妹妹的同事，只要牵亲带戚沾上一点边，就会得到不同的待遇。四十年前有个外国人写过一篇《中国人的人情味与公德心》，他说中国人是挺有人情味的，只不过你得先跟他扯上关系才会享受到这个人情味，不然就公事公办了。

我们对“自己人”的认同是走到哪里都会看到，同乡会就是一个例子。“亲不亲故乡人，美不美故乡水”，本来不打算帮忙的，听到熟悉的乡音就伸出援手了。《七侠五义》中，黑妖狐智化去盗“九龙冠”时，就是打扮成逃荒的“王第二的”，借着乡音套关系，让挖御水河的工头王大带他进紫禁城去做工，探明了四值库才顺利偷到宝。一个完全不认得的人，只因同乡，就愿背负着被查到会砍头的大关系，带陌生人进紫禁城，这小圈圈的认同力量实在太大了。

研究者发现这种认同行为有演化上的关系，六百万年前人类祖先从树上下来时，因为没有尖牙利爪，又只有两条腿，跑不过四条腿的，因此必须群居，靠群众的力量一起抵御外侮，所以团结是生存必要的条件。但是人心隔肚皮是看不见的，因此演化出血浓于水、只相信自己人的现象。非我族类，其心必异，既然长得跟咱们不同，又不认同咱们，那么赶尽杀绝是理所当然。所以人会不自觉地模仿团体中多数人的行为，这是自保。动物的保护色以及昆虫的拟态都是为了融入环境，使不显著，以免鹤立鸡群成为攻击的目标。

有个实验：实验者将最强壮的土狼身上涂上一点红油漆，结果发现它一定会成为下一波猎食的牺牲者。当狮子一冲入狼群时，狼群四处奔逃，它有一刹那眼花缭乱，这一刹那的时间就足以使年轻力壮的土狼逃过一劫，但是身上有了红点，是个显著目标，狮子锁住目标后，狮子跑得比狼快，这只狼就没命了。所以在团体中，外表要尽量跟别人一样，这是保护色，行为也要跟别人一模一样，这是拟态，只有被当作圈内人才是安全的。这就难怪青少年要奇装异服了，因为这是他对他们族群的认同。

看到人的大脑对“自己人”的差别待遇后，不禁感到古人的伟大。三千年前我们的祖先就用教育的方法来使我们超越动物的本性，倡导“天下为公”的理想社会，真是太有远见了。

人会用各种方式把自己的行为合理化，因为任何知识、感情或行为上的不一致性，都会引起内心世界的不安。

11 大脑会主动修正认知失调

人是种奇怪的动物，不能接受别人的批评，也不能接受自己的批评，如果自己上了当或做了蠢事，哪怕别人并不知道，也要想尽方法为自己的愚蠢辩护。在心理学上，这叫“认知失调”（cognitive dissonance）。人会用各种方式把自己的行为合理化，因为任何知识、感情或行为上的不一致性，都会引起内心世界的不安。人不喜欢不安的感觉，尤其不能接受自己是愚蠢的事实，所以就必须把责任推给别人或找各种借口重新解释这个情境，以达到内心的平衡。科学家现在知道为什么会有这种不合理的行为了，他们在大脑中找到了和这个行为相关的神经机制。

这个实验的做法是请受试者躺在核磁共振仪中四十五分钟，做一些很无聊的作业，因为仪器内空间很小，又有机器的噪音，是很不舒服的。等确定他们不舒服后，实验者请他们对下列句子如“我在扫瞄机内觉得很平静安详”做反应，同时出现一个一到六的量表，一是完全同意，六是完全不同意这句话。因为躺在仪器内受试者看不见自己的手，为了避免错误，量表的一到三为左手按键，四到六为右手按键。等看了五个句子以后，实验者就告诉受试者，从现在起，对后面的句子不论心中怎么想，都要假装很喜欢它，每一次这样做，实验者就多付他一美元的酬劳，这是控制组的做法。

实验组的人也是要对目标句做反应，但是实验者告诉他，现在外面控制室中有个人等着要进来做这个实验，这个人对核磁共振非常恐惧，他很紧张和焦虑。实验者请求受试者尽量对有关扫瞄机内情况的句子做正向的反应，假装真的很喜欢躺在这里做这项作业，来帮助外面那个人放松，因为外面那个人可以从计算机屏幕上看见里面的反应。

结果发现这两组受试者态度改变时，大脑背侧前扣带回（dorsal anterior cingulate cortex, DACC）和前脑岛（anterior insula）都有活化，但是实验组的活化程度大于控制组，代表他们态度改变的程度比较高。因为大脑背侧前扣带回是大脑中侦察行为或事件有无冲突的地方，而脑岛跟情绪的自动引发有关，所以内外不一致时，大脑背侧前扣带回就活化起来了，脑岛连接前额叶（大脑思考）和边缘系统（情绪），所以不安的感觉就出来了，这时大脑就得赶快想办法改变说词使内外一致。

在日常生活中，我们发现越是上过当的人越会特别卖力去说服别人，因为他不能承认自己竟然花那么多钱做冤大头。因此，明明不好，也要假装很好。前一阵子的吞火潜能开发班，有一些父母出来宣称真的有效，使其他的父母也带着孩子去报名就是一个例子：这些父母并不知道自己这样做的动机，原来是反映出大脑内部解决冲突的一个方式。

这个实验从脑神经的运作历程，逐渐解开了很多人类不合理行为的谜，使我们对人性多了一些理解。

我们的记忆是偏颇的，它是以自我为中心做出发点，来组织周边发生的事情，所以它只记得对自己有利的讯息。

12 判断力的脑科学实验

中国人说“合”字难写，跟别人合作时，总是觉得自己做得多，人家做得少。一旦有了这种感觉，在分红时，就觉得我做得比他多，怎么分到的钱跟他一样？这个不满会像暗室中的草菇，生长得奇快，一旦充满胸腔，不久就会拆伙了。最近科学家发现这是因为我们仰赖记忆来做判断的缘故，而我们的记忆是偏颇的，它是以自我为中心做出发点，来组织周边发生的事情，所以它只记得对自己有利的讯息，把对自己不利的就以“不相干”“不是这样解释”抛到九霄云外，于是人就越来越自以为是，别人都是错的了。

最近的研究更发现我们对事情的判断不但受到记忆的影响，还受到当时情境中不相干因素的影响。诺贝尔经济奖的得主康纳曼（Daniel Kahnman）曾经做过一个实验：他请受试者随机抽出一个从 1 到 100 之间的数字，然后问他一个跟这数字完全无关的问题，如“联合国有多少非洲国家的席位？”大部分的受试者都不知道正确答案，因此用猜的。想不到他们的猜测居然受到这个随机数字的影响，假如这个数字是 10，他们就猜大约占联合国国家总数的百分之二十五；如果这个数字是 65，他们就猜百分之四十五，非常令人不解。

康纳曼说：人在猜测时会不由自主地从那个数字开始寻找，直到他们觉得差不多的时候就停止，然后报告出来。所以看见10这个数字，他们觉得有点太少，就往上加，加到百分之二十五，觉得差不多了就停下来；如果看到的是65，觉得这个数字太大了，就往下减，减到45，觉得差不多了就报告出来。因此起始点低的人会停在可能范围的最低点，而起始点高的人会停在可能范围的最高点。照说，如果我们认为这个可能范围是在25到45之间，我们应该选35，因为这是上下两点的平均数，最有可能正确，但是显然人并不是这样做的。

研究更发现，我们的判断甚至受到不相干情绪的左右。有一个实验叫惯用右手的人用左手尽快地听写下一些名人的名字，同时要他的右手掌心朝下用力压在桌面上，另一组则是右手掌心朝上托着桌子的底部，做同样的听写。听写完后，实验者问他们喜不喜欢刚刚所写下的名人，结果发现右手向下压的人"不喜欢"的次数多，而右手向上托的人"喜欢"的次数多，因为前者是个负向的手势，而后者是个正向的手势。我们的喜好居然会受到完全不相干情绪的干扰，令人讶异。

古人在做重大决策时都要先沐浴净身、斋戒三日，原来"正心诚意"会使自己比较不受周边环境无形因素的干扰，进而影响自己的决策。古人有很多经验上的智慧，我们现在才慢慢了解它背后的原因。有人认为脑科学终究可以将人性剥茧抽丝分离出来，透过这些有趣的实验，或许有一天我们能了解人之异于禽兽的那个"几希"了。

不要叫孩子圆你的梦，因为那是你的，不是他的，更不要常说“你让我很失望”，这种话只会使孩子放弃自己。

13 他们的灵魂住在明日之屋

有位妈妈把孩子打得遍体鳞伤，警察来到时她振振有词地说，是因为“恨铁不成钢”才会把孩子打成这个样子。我看到这则新闻非常恐惧，这个观念大错特错，孩子一定要先是铁，打了才会成钢，如果根本不是铁，打死了也不会成钢。父母不能不论孩子本质是什么，就一味要求他和别人一样，更不能因孩子的表现不如自己预期而痛打孩子。

孩子开窍的早晚有基因上的关系，如果父母小时候就是学习得比较慢，那么现在孩子学得慢可能是因为他成熟得晚，不是他的错。晚熟并不代表笨，只表示时候未到，当他成熟后可以和别人做得一样好。

“成熟”这个观念非常重要，它是“水到渠成”，时间到了、发育好了，孩子自然会做。在成熟之前要求他是强人所难，任何事情超越孩子的能力就是压力；太多的压力孩子会恐惧而逃避，学习的效果反而不好。每个人大脑成熟的时间和快慢是不一样的，很多大器是晚成的。同卵双胞胎的大脑造影图片也显示虽然来自同一个家庭，但是在做同一件事情时，大脑活化的区域仍然不同，因为他们后天的经验不同。因此，父母不能拿孩子跟别人比，他的基因跟别人不同，后天的环境也不同，这样比不公平。只要今天比昨天有进步，就该鼓励他，孩子只能跟自己比。

黎巴嫩诗人纪伯伦（Kahil Gibran）有一首非常好的诗：

你的孩子不是你的孩子，他们是生命自己的孩子。
他们透过你来到这个世界，他们却不属于你。
你可以给他们你的爱，却不能给他们你的思想，
因为他们有他们自己的思想。
你可以提供他们身体的住屋，却不能替他们的灵魂找房子，
因为他们的灵魂住在明日之屋，那是你即使在梦中也无法到达的地方。
你可以努力像他们一样，但是千万不要使他们像你一样，
因为生命是无法逆转的，更不能被昨日的你所耽搁。

任何事情不论多微小，只要超过孩子的能力就是压力，过长、过大的压力会杀死海马回的细胞，使孩子的记忆衰退。不要叫孩子圆你的梦，因为那是你的，不是他的，更不要常说“你让我很失望”，这种话只会使孩子放弃自己。心理学上有个著名的实验：当一只狗怎么做都不能改变环境时，它会放弃尝试，到后来环境改变了，它有机会可以翻身时，它也不会去做，因为它已经习惯它的悲惨了。

“先前的经验会决定后来的行为”，这是我们最害怕的地方。看到现在小学生也要上小夜班，补习补到半夜才能回家，就深觉台湾家长的观念一定要改。如果我们百分之七十五的小学三、四年级学生放学后不是回家，而是去补习班，

就难怪最近的调查发现中学以上的人，五个有一个曾经想过自杀了。纪伯伦的话是对的，孩子透过我们来到人间，但他们不是我们的化身，不要因昨日我们的观念去限制明日他的发展。

第五章　沟通力

一般来说，他是有个很强的欲望无法达成，所以才会想尽方法完成它，包括欺骗在内。

1 孩子说谎时要感化他

一位读者来信说他孩子很喜欢说谎，已经小学三年级了，怎么打骂都无效，打时会跪地求饶，打完照旧说谎，他很头痛，不知该怎么办。其实一个行为的出现背后一定有原因，我们应该先看一下原因。

从大脑造影实验中，我们看到说谎时，大脑活化的地方跟我们给受试者闻阿摩尼亚（氨水）是同样的地方，那个地方是大脑的厌恶中心。所以我们知道，虽然他嘴里不承认，心中其实是不齿这个行为的，这时，我们的气可以先消掉一半。那么，既然不齿，为什么又会做呢？那就是我们大人要了解的地方了。

一般来说，他是有个很强的欲望无法达成，所以才会想尽方法完成它，包括欺骗在内。如有某个玩具实在很想要，但父母不准；或很想吃某个东西，父母不准；或考试考得很烂，不敢给父母知道；或同学一起要去玩，而父母不准……知道说谎的原因（父母不准而他想要）以后，对症下药就比较容易了。从某个方面来讲，是我们逼孩子说谎的，因为我们没有善尽沟通的责任，既然是他要而我们不准，其中必有道理，我们应该好好解释给孩子听。我们要从根源上让他知道为什么这件事不能做，然后帮他找出替代的方案，使他的欲望减低。

同时还要长期的监督，使坏行为无机会出现。因为大脑神经回路是越用联结得越紧，长久不用，联结会慢慢松开。所以父母管教的方式要一致，绝对不能妈说不行的，爸说可以。孩子是非常精灵的，他马上知道如何讨好父母、操弄父母之间的矛盾，管教就破功了。

说道理让他知道为什么这件事不可做、它的后果如何，是要花很多时间和心力，但是这个投资是绝对划得来的，只有心悦诚服、自己决定要改，这个习惯才改得掉，不然阳奉阴违是无效的。我的孩子小时候不喜欢刷牙，不盯就不刷，还会骗我刷过了。我带他去看我补牙，令他看到小时候不刷牙，长大一辈子受苦，之后他就不敢了。我小时候牙刷很贵，牙膏更贵，同学中很多人是用手指当牙刷、用盐刷牙的（后来才知道古人还用杨枝刷牙），而且那时没有正确的卫生概念，所以我们那一辈的人，牙齿常不好。我让他看到补牙的痛苦后，从此他背包里放着一把牙刷，任何时候，只要吃过东西就刷。而且我告诉他，刷牙是正确的行为，不是娘娘腔，不刷牙才是自作自受，自己受苦。所以他在出外应酬时，吃过饭就会自动站起来去洗手间刷牙，不在乎别人异样眼光。

因此对说谎的孩子，先要找出是什么驱力驱使他去做父母不喜欢的事，然后看这件事有没有办法两全其美，在你能接受的范围内，让他达成愿望。如果真的不行，再看有没有其他可接受的替代方案。最重要的是，当父母肯听孩子说话时，孩子会感到父母的爱心，内心会涌出一股力量使他向善。很多人不做坏事，是因为他不愿使他的父母伤心，做到这一步，教养就成功了。

我们只要看说谎的孩子头都是低着、不敢正眼看老师就知道了（说谎时，人的瞳孔会放大，这也是一个人性本善的指标，演化居然让我们在做坏事时有生理的反应出来）。

要改变一个坏习惯需要父母持之以恒的努力，更要用爱心化解它。所以对孩子说谎不要惊慌，不要打他，要感化他。

口语表达能力在二十一世纪很重要，因为时间就是金钱，别人没有时间慢慢揣摩你句子背后的意思。

2 训练口语能力从阅读着手

我父亲以前常跟我们说成功需要天时、地利、人和，但是前二者操之在人，自己不能控制，只有最后一项操之在己，只要虚心有礼就能得到别人的帮助。长大后，我的确看到人和的重要性，所谓“兄弟同心，其利断金”。其实“人和”就是沟通的能力，讲话不得体或时机不对都会得罪人，但是最近发现学生连最基本的讲话都有改进的空间，他们上台作报告时，句子都是不完整的，而且缺乏逻辑性，让底下听的人很辛苦，不知所云。

仔细追究原因才发现，我们的学生从小到大，几乎没有任何口语训练的经验，老师很少叫学生起来回答问题，演讲比赛也都是特定几位同学代表参加，学生除了日常生活的话以外，几乎没有正式把自己意思完整说出来的机会。加上现代学生多用MSN沟通，用的都是词组而非完整句子，结果雪上加霜，学生就更不会完整地表达自己了。

口语表达能力在二十一世纪很重要，因为时间就是金钱，别人没有时间慢慢揣摩你句子背后的意思，听不懂时，别人掉头就走，没有第二次机会。因此李光耀说：新加坡的国民必须有良好的阅读能力和正确表达自己意思的能力，才能在二十一世纪跟别国竞争。看到我们学生说话词不达意，像他们写的作文一样，跳跃式的，没有连贯性，实在很忧心。

训练口语能力其实不难，只需要从阅读着手就可以，因为孩子在阅读时，是有把声音念出来的，只是念在心里，没有出声而已。加州大学心理系的教授佩崔诺维其（L. Petrinovich）曾经做过一个实验：在学生阅读时，把微电极放在喉头声带附近，测量喉头肌肉的活动。他发现越小的孩子默读时，喉头肌肉动得越大，表示他在把这个字默念出声，延长这个字在大脑工作记忆处理的时间，帮助理解；成人在阅读报纸或小说时，喉头肌肉动得很少，几乎看不见，但是在阅读困难的文章如爱因斯坦的“相对论”时，喉头肌肉动得很明显，表示艰涩的东西，大人也只好借助工作记忆的语音本质来延长讯息在工作记忆处理的时间，以达到了解的目的。

因此我们可以借大量的阅读来帮助各种各样的句子神经回路的活化，使成强固的回路连接，将来要用时，便可脱口而出，所谓“出口成章”。古人说“腹有诗书气自华”便是这个道理，既然成竹在胸，已经知道该怎么说了，自然气定神闲、不慌不忙、有条有理地把话说出来，别人就感到这个人谈吐雍容大方了。

因此，现在有两个很容易的方法可以训练孩子的表达能力，一个是鼓励他广泛阅读，书写的句子是完整的，先让他们熟悉完整的句子，以便随时提取出来用；另一个是尽量让孩子把话说完，不要打断他。孩子因为说话慢，常常话未说完，大人注意力已转移了。这种不耐烦的态度会使孩子感到不受尊重，久而久之就不开口了。

在适当的时候说适当的话非常重要，但是更重要的是能正确表达出心中的意思。天时、地利我们不能控制，但是我们至少可以把孩子表达的能力训练好，给他“人和”的本钱。

用欣赏的眼光看你的孩子，他会以更高的成就来报答你，因为所有孩子都是希望取悦父母的。这样，他的青春叛逆期就平顺度过了。

3 用欣赏的眼光看你的孩子

西谚“教养孩子是艺术，不是科学”，真是对极了，因为科学讲究重复性，同样的实验步骤，会得到同样的结果，不会因人而异;但是艺术是有个别性的，在艺术上找不到两件一模一样的作品，就是同一个人做的，也会有些微的不同。所以艺术比赛的评比一定是采多数决，虽然各人眼光不同，但是英雄所见略同，评审结果不会差距很大。因为每个孩子都应该是国家的栋梁，在不同的领域服务而已。

在教养孩子的过程中，最重要的是亲子沟通，只要孩子肯来问父母，父母的经验和知识就能传给他。我们最怕的就是孩子不来问父母而去问他的同学，他的同学与他同样年龄、同样经验，出的都是馊主意，很多小错变大错就是因为如此。所以在教养孩子的过程中，只要能维持良好的亲子沟通，就不会有青春风暴。只要孩子知道，不论发生了什么事，一旦告诉父母，父母就会与他一起面对，他就会敢讲。而且这种有人可依靠是一种非常好的安全感，这种安全感使孩子长大以后敢去探索新奇的环境，敢去陌生领域创业。

我很幸运，我孩子长到今年二十五岁，没有所谓的青春风暴期，即便离家去读大学，每天仍有一封电子信报平安，告诉我他生活上的点滴，所以虽然他不在身边，感觉上好像还是在家一般。我虽不曾见过他的同学，但是对他们也觉得很熟悉，因为在他的信中听多了。男生一般不喜欢多话，要维持这种亲子关系须从小做起。回想儿子小的时候，每天接他放学回家，就是我们最快乐的时光。美国的小学都在小区之中，走路不会超过十分钟，但是边走边说话，尤其孩子特别喜欢走不曾走过的路，有时要走上半小时才能到家。

他常在路上问我一些奇奇怪怪的问题，有一天在回家的路上，他问我："妈妈，贝比是怎么来的？"我一惊，心想：完了，该来的总是要来的。正在琢磨该怎么跟他讲性教育时，他自言自语地说："我知道，多吃蔬菜，多洗手，早早上床睡觉不迟到。"我忍住笑说"对，对"，因为本来也是要先长大才能制造贝比出来，不是吗？

儿子的头发从小是我剪的，因为早期的留学生必须会三刀：菜刀、剪刀、剃头刀。我发现替孩子剪头发是个很好的亲子沟通时间，因为他围着发兜坐在板凳上，跑不掉，我又拿着剪刀站在他身后，这时，真是问什么他都会诚实地回答。我常常故意慢慢剪，利用这个机会问一些比较深入的问题。有一天，他放学回来，表情严肃；吃饭时，心神不宁，一口饭吃了老半天都没有咽下去，我就知道有不对了；吃完饭，做功课时，我看他呆坐在书桌前面，半天书本都没有翻一下，就知道更不对了。正要去问他发生了什么事时，他就自己来跟我说："妈，你看我头发是不是该剪了？"我立刻说："果然不错，你头发太长了，趁我现在有空，我们来剪。"

我就拿了剪刀站在后面假装替他剪（因为上个星期才剪过，实在不长，没什么可剪），我一边剪，一边问他学校的情形，问来问去得不到结果，装模作样一阵子后，他还是没有开口，我就有点不耐烦了，因为我还有很多事要做。正要发火时，他突然问：“妈，什么是同性恋？”原来他在学校中看到一个他很尊敬的学长，做了一个他认为是不可以做的行为，震惊之余，内心产生极大冲突，他就吃不下饭了。

我立刻放下剪刀，拿出医学的书，从大脑发展的图片中跟他解释同性恋的成因，让他看到胚胎六周时，荷尔蒙的作用，同性恋是大脑的原因，跟这个孩子的人格无关，不可以歧视同性恋的人。解释完后，我看他松了一口气，就去做功课了。所以亲子沟通管道的畅通很重要，要让孩子不管什么事都敢跟你讲才行。

要做到这一步其实不难，只要不一直泼孩子冷水就可以了。我们都不喜欢跟唱反调的人说话，就算孩子说得不对，也要先耐着性子，等他把话说完再纠正他。假如我们自己话没有说完就被别人打断说“你不懂”“你不对”，我们也会觉得很挫折。其实等人讲完话再响应是一种礼貌。即使听完了不同意，对方的感受也不会那么差。

最重要的是拒绝孩子要求时一定要讲理由，因为中学生智慧已开，有自己的想法，若不能说服他，使他心悦诚服，我们很难改变他的行为。如果你不肯，而他想做的动机很强，他就会偷偷做，开始瞒骗父母后，他会尽量不跟父母讲话，因为言多必失，他怕不小心会说漏了嘴，亲子关系就生疏了。所以不能让孩子开始瞒骗父母，而这个关键其实是父母，也就是说，当孩子跟你讲话时，先让他讲完，在拒绝时，除了讲理由，也要帮他找其他可行的替代方案。

父母可以在平日闲谈中，将自己的价值观告诉孩子，就算他不认同，至少知道你的想法是什么。美国的孩子很早就约会，但是我的孩子从来不曾约过女生。有一次我问他看到别人约会会不会羡慕？他说：“不会，因为交女朋友很伤神，要刻意去讨好她，还要花钱买礼物。”我就知道他这方面还未成熟，不用担心。但是我会借亲友孩子结婚的机会，告诉他找终身伴侣的意义：钱财、外表都会随风而逝，只有实质内涵不变。我告诉他观察女孩子跟她家人讲话的态度，观察她对街头小贩、拾荒者的表情来看她的人品……有一天，他的同学来家中玩时，跟我道谢，因为他娶了个好太太，用的是我平日告诉我孩子的话。我才发现平日跟孩子聊天，其实是有作用的，他既然会去教同学，表示他自己有听进去。

中学是个很困难的阶段，因为性荷尔蒙大量分泌使身体改变，情窦初开，又使情绪不稳。加上课业压力重，若无宣泄管道，这段日子会很难挨。在这时期，尽量让孩子交志同道合的好朋友，没有什么比考不好一起挨打、一起吃板子使孩子更认同彼此了。父母要尽量挤出时间带孩子去爬山运动，增加亲子的感情。最重要的是肯定他，他是你生的，理论上来说，坏不到哪里去。父母只要记得蜜糖捕捉到更多的苍蝇就好了，不要让孩子怕你。

每个孩子都是父母的宝贝，既然是宝贝，哪有人看到金银珠宝不是眉开眼笑的呢？用欣赏的眼光看你的孩子，他会以更高的成就来报答你，因为所有孩子都是希望取悦父母的。这样，他的青春叛逆期就平顺度过了。

大脑是个有限的空间，有限的能量，只能选择性地处理感官送进来的讯息，它取舍的标准就是我们的注意力，而决定我们注意力的就是我们的背景知识。

4 作文三多：看多，做多，商量多

有同学写信给我说老师评他的作文“没有条理”“杂乱无章”，他问该如何练习才会有条理？这真是一个重要的问题，因为没有条理的东西，别人看不懂。那怎么训练呢？我所知道最好的训练作文方法是讲故事，当你要讲个事件给别人听，别人要能追随你的思想脉络，不但听得懂，还要听得津津有味、不忍离去时，你就成功了。

我小时候，台湾经济尚未起飞，很少人家中有玩具，我们最好的玩具就是同年龄的玩伴，加上台湾那时还没有电视，电也很贵，很少能够像现在这样家家大放光明，通常入夜以后，房间的照明就是天花板上一盏灯而已，并没有台灯或各种其他的灯。所以我们都是天黑就去睡觉，天一亮就起来，用日光来读书。在床上该睡还睡不着时，我们就轮流说故事，打发时间。

我家情况更特别是因为我父亲很用功，晚上要看书写书，所以家中要保持安静，不可以吵闹。要维持六个孩子不吵闹最好的方式就是讲故事。我母亲若得闲，她就念《西游记》给我们听，若不得闲，我们这些大的就要负责编故事讲给小的听。我们那时是大家庭，自己的姐妹、亲戚的孩子，大家都睡在榻榻米上的蚊帐内，每天都比赛谁说得好。我记得那是一段很快乐的时光，让想象力发挥，上穷碧落下黄泉，尽情飞翔，化成语言，让别人与你同乐。

当没有故事可讲时，我们就玩“接龙”的游戏，有单字词接龙、成语接龙，凡是想得起来的东西都可以接龙，还可以讲相反词、同义词，看谁讲得快、讲得多。经过这种训练后，我作文时，很少像同学一样搜索枯肠，想不起有什么话要讲，只要想象在跟姐妹们比赛，字就跑出来了。

后来去美国留学时，有一次在电视上看到一个人可以把别人讲的句子倒过来讲，如GOD，他就说DOG，很长的句子都难不倒他，观众都很惊讶他有这么好的记忆力，在他表演完后报以热烈的掌声。记者访问他时，他说他成长于美国北部的蒙大拿州，冬天很冷，大雪封山，天又黑得早，无事可干时，他父亲就在家中跟他和他弟弟玩这个游戏，他们把他母亲讲的每一句话都倒过来说，以消磨永夜。没想到越玩越精，到后来不费吹灰之力就可以把整个句子倒过来说了。

在这里，我们看到熟能生巧的神经机制，练习就是把本来不连在一起的神经回路连接在一起，连接得紧密了，下次要提取时，会像煮粽子似的，抓着一个头，一提，一串就出来了。说相声的人每天都要把绕口令翻来覆去的说，要练习得很“溜”，嘴一张一滑就出来了。他们虽然在台上讲得轻松如意，在台下可是练习了很久才有这个表现。什么事要做得好，都是“台上一分钟，台下十年功”，没有一蹴而就的事。所以，作文要有条理其实不难，多练习而已。想象你在跟同学说故事，要说到他听得懂，你必须从头开始说起，不能跳跃，你知道必须有起、承、转、合这四大条件，故事才会精彩。不过要切记诚恳、自然，不要故意卖弄生冷的词句来显现你的学问，人都不喜欢卖弄的人，这种人的文章写得再好，别人也是不爱看的。

欧阳修说“为文有三多，看多，做多，商量多”，商量多就是多推敲，写完要仔细看词用得对不对，条理有没有顺，有没有赘词。学作文还有一个很好的方法就是写日记，许多人不喜欢写日记，那是因为把日记写成流水账，每天讲同样的事，所以没什么意思，不想写。其实，写日记是一个训练观察力和表达能力最好的方式。你把看到的东西说给自己听，因为你知道自己看到了什么，因此，在写时就可以不必怕词不达义，可以尽量用不同的方式来描述你所看到的东西或某一个事件。很多时候，我们若是不描述它，这个事件很快就从眼前消失了，有时甚至觉得连看都没有看见。

语言是记录记忆最好的方式，比心像有效。弗洛伊德为什么说我们有“童年失忆症”，就是掌管记忆的海马回尚未发展完成，用来登录记忆的语言又还没有很完善，所以在幼儿园以前，人不可能记得什么事，多半是长大后，别人描述给你听的。只有强烈的情绪记忆，如失火、淹水等才会有影像记忆。又因为你要描述它，你会看得仔细，这就训练了你的观察力，久而久之，你发现你所看到的东西比过去多了很多。

因为大脑是个有限的空间，有限的能量，只能选择性地处理感官送进来的讯息，它取舍的标准就是我们的注意力，而决定我们注意力的就是我们的背景知识因此，同样的讯息存在于环境之中，有背景知识的看到了，没有背景知识的有看没有到。写日记可以训练我们的观察力，降低讯息进来的门坎，使一眼看过去所收进来的讯息比别人多。

写作文的重要性是它是很好的沟通方式，一封文情并茂的信可以扭转乾坤、起死回生。不论科学怎么发达，当别人还不能穿透身体来读你的心意时，作文仍然是一个重要的传递讯息方式，值得我们下工夫把它学好。

必须先有知识才能再大量增加新知识，知识累积得越多，学习新知识的速度就越快。

5 多读书才写得出好文章

要写出好文章必须心中先有话要说。那么，如何使心中有话要说呢？你必须先有观察力，先要能观察到大自然或人类社会中的形形色色现象，再将这个现象的来龙去脉跟过去所知的事实挂上钩，然后把这个事件跟生活现实或哲学理论或科学假设作演绎或归纳，得出自己的看法，这时你就有话可说了。这三种能力都与阅读有关，你可能会感觉到，好像跟教育有关的议题，绕来绕去都脱离不了阅读。你是对的，谈教育的确离不开阅读，这也是为什么阅读是教育的根本，全世界都在推阅读的原因。大家都看到知识是认知的根本，如果我们不知道那个东西是什么的话，我们就看不见应该看的东西。

大脑处理讯息的方式是从上而下和从下而上两种模式的交互作用。以字为例，在我们看到字的那一刹那，我们的眼睛就已经送一些有关字的零碎讯息——如偏旁的部件和字的笔画复杂程度——到视觉皮质去了。大脑立刻从过去的经验和知识库中寻找可能符合这些讯息的假设，再次送上来的更多讯息就把不对的假设除去，最后剩下来符合假设的就是我们最后所辨识出来的字。因此，我们若不曾见过这个字，大脑的知识库中自然就不可能把它挑出来让后来再进来的讯息验证它，它就会被忽略。当它没有进入意识界时，我们就看不见它了。这个机制是我们常记不得不认得的字或看错、误认最主要的原因。

再举一例，我们在马路上看到一个人跟我们中学同学很像，就会很兴奋地跑上前去打招呼，走近时，更多的讯息送上来，大脑仔细比对就发现误认了。相信很多人都有这个经验，因为我们初看到一个人时，距离远，从眼睛送上来的讯息不够精确，在一刹那之间，我们大脑从上而下的机制就立刻找出几个跟初始进来讯息相符合的人选，再次进来的讯息就把一些不恰当的人选剔除掉，最后剩下决选者就是我们以为是那个同学的人。因为大脑处理讯息的速度非常快（是以毫秒为单位的，一毫秒为一千分之一秒），因此我们不会察觉到自己脑内进行的这些历程。若是没有大脑造影的实验，我们是绝对不会想到原来内部是这样处理讯息的。其实很多魔术都是先引导你去期待某样东西的出现，然后你就真的看到魔术师要你看到的东西，魔术表演正是利用大脑处理讯息方式所造成的错觉。

因此必须先有知识才能再大量增加新知识，知识累积得越多，学习新知识的速度就越快，这正是为什么大人学习新知的速度比儿童快。大人透过长时间的经验和学习，已储存有大量的背景知识，可以帮助他们在新的讯息进来时，立刻找到它应属的位置。就像玩拼图游戏一样，一开始时最慢（一开始时的摸索就像我们童年期的学习，科学家从童年期的睡眠实验中发现，孩子在做梦时，大脑大量的活化，将白天发生的事情加以组织整理，形成新的知识架构以接纳更多的新知），当拼图慢慢成形时，拼的速度就快了起来，因为架构已出现，我们马上知道手上拿的这个小纸块应该放到哪里去，到最后一张时，就不需要考虑或比对了，那个空隙是非它莫属了。

要形成知识架构，我们需要观察力。观察力其实一部分是天生的，一部分可以后天训练，我们的祖先必须有很好的观察力才能存活下来，将他的基因传到我们身上。因此，很小的孩子就有察言观色的能力，父母在气头上时，就懂得不要上前讨糖吃。只是有人观察力比较敏锐，有人比较迟钝（俗语说的“少一根筋”）。

观察力可以训练，它的先决条件就是刚刚提到的背景知识。越是在大自然中长大的孩子，观察力越强，因为他视觉皮质的神经元已经习惯了从各种角度、形状去综合出这些信息所代表的大自然中的某些东西。赏鸟者常比我们更会找到栖息在枝头的鸟，越专业的人判断力越准确，一些细微的差异对我们外行人来说不代表任何意义，我们会忽略它，而对专业的眼睛，这一点点的差异就是判断的依据了。我们的经验会引导大脑寻找应该有的东西来做判断的标准，一个好医师能从病患描述的病情中，立刻在大脑中形成好几个可能性的假设，再从问病的细节中，如问病人腹痛是上面还是下面、左边还是右边，把不对的假设剔除，最后符合他心目中假设病的症状的，就是病患的病了。

从这些例子中，我们了解为什么观察力是作为科学家的第一个条件了。科学就是把观察到的现象找出形成的原因，科学论文其实也是作文的一种，只是比较专业罢了。因此，写好作文不难，张大眼睛看，用心体会，用脑思考，文章就自己出来了。

训练说话其实就是训练逻辑思考与组织能力，这两种能力其实就是作文的基本能力了。

6 作文的基本功

小朋友一般怕作文有两个原因：一为无话可说（通常这是最主要的原因）；二为词不达意，心中有话，但找不到合适的词句。父母们不要担心，这两个原因都有很好的方法可以解决。

处理无话可说毛病最好的方法是让孩子静下心来，放慢脚步，对每一件事仔细观察，细细体会，当然还要有丰富的背景知识做后盾，因为大脑看不见我们不认得的东西。如果脚步匆忙，东西一晃而过，就没有机会留下印象，等于没有看到。这个情形在出国旅游时最显著，有事先看过介绍旅游地的书，了解它历史的人，看到的东西远比一般人多，虽然都是同样走马看花，但是有准备的人知道要看什么。

同时因为人类的讯息处理需要时间，后面涌进来的讯息会取代前面来不及处理的讯息，如果后面的讯息比较强，它会遮盖住前面的。就像在画水彩时，你可以用更强烈的颜色盖住前面浅色的部分，因此，知道要看什么后，还得慢慢地看、欣赏它，有感动时，写出来的文章才是好文章。

唐朝柳宗元、宋朝苏东坡描写山水的文章都流传到后世。其实他们所看到的山水，别人也都看到了，但是别人没有他们的涵养与胸襟，所以写出来的文章不会感动人，人家就不爱看了。范仲淹的《岳阳楼记》是最好的例子，历史上描写岳阳楼的人很多，但是范仲淹登上岳阳楼后，有“先天下之忧而忧，后天下之乐而乐”的抱负，让人们感受到他为国为民的苦心，深受感动，他的文章便流传下来了。

文章的好坏不在词句堆砌的华丽而在文意的真诚，我们读到归有光纪念他的母亲周儒人的文章会感动：古时避孕方法不好，他母亲为多子所苦，便去吃中药打胎，结果喑哑不能言，看了令人难过。因为情绪触动了，这篇文章就在大脑中留下深刻印象，几百年后，读起来还是仿佛看到一位疲累已极的母亲，背后拖了一大串的孩子，家事从早做到晚做不完。我们感受到她的无奈，也感受到归有光的孝顺与不忍，这就是我们所谓的好文章了。

所以文章好坏，不在题材的大小，而在感人与否。《核舟记》其实是一篇记述用核桃所刻的艺术品的文章，这种文章本来不吸引人，但是因为人物描述生动，呼之欲出，所以也流传下来了。因此，仔细地观察，深深地体会，当这个东西或事件触及你的心时，把这个感觉写下来就是好文章了。千万不要“为赋新词强说愁”，一个东西不真就没有价值了。

至于第二点，词不达意，训练它最好的方法是说故事，把一件事从头到尾说得清楚时，写出来就是通顺的文章。很多人以为说话很容易，嘴巴张开来，声音跑出来，不就是说话了吗？不对，那是聒噪。话说得好不好有很大差别，话说得好是需要经过训练的。

美国小学从一年级开始就要小朋友上台说故事，每周有一堂课叫“show and tell”，老师请学生从家中带一个奇特的东西来学校，任何东西都行，只要自己觉得很特别，可以编出一则故事的即可，所以有人带宠物，有人带玩具，甚至有人带父亲来，因为他父亲是救火员。小朋友要上台把他带来的东西完完整整地说出一个故事来，还要接受别的小朋友的挑战，老师要孩子从同学的提问中，感受到他刚刚漏掉了什么重要的讯息，以后不再省略，他一定是在讲的过程中，漏掉了因果关系的“因”，所以别人才不知道他的“果”是怎么来的，才会发问。

一则故事必须有因果关系才能吸引人，例如一个人做了坏事，虽然中间侥幸逃脱法律制裁，最后还是被警察抓去关了。这个做坏事、捉去关就是因果关系，如果只说他被捉去关而没有交代前面做了什么，别人就会听得一头雾水。因此，训练说话其实就是训练逻辑思考与组织能力，这两种能力其实就是作文的基本能力了。

口语表达能力在二十一世纪很重要，因为现在是服务的社会，服务讲求效率，当老板问一件事时，幕僚要能站起来立即回答，还得回答得有条有理、层次分明，别人才听得懂。因此现在公司行号招考新进人员常给他一堆资料，请他在十五分钟之内整理成一张 A4 纸的报表，然后用两分钟把这报表的精华讲出来。前者是考他的组织能力，后者是考他的表达能力，而这两种能力是在二十一世纪的世界中与人竞争的基本能力。所以全世界的教育都重视口语与书写的表达能力，没有这样训练，毕业出来的学生，企业界不好用。这也是小时候父母亲要求我们写日记的原因，当你能把一件平淡的生活小事写得值得以后回味时，你就学会了观察、体会、感受与表达，这就是作文的基本功了。写日记的原因是它需要每天写，只有锲而不舍才会成功。

害怕作文的小朋友不妨从日记开始着手，每天挑一件事来写。久而久之，你会很惊讶地发现，你的话会自己从肚子里跑出来。当你的手把这些话写出来时，你就有一篇好文章了。

父母和老师对孩子的看法，会决定这个孩子的前途，我们一定要开始学会尊重他人，包括孩子在内。

7 教育孩子谈话的艺术

最近因为经济不景气，飞机班次减少了许多，这次去美国开会，有好几个教授会后没有班机马上回家要等到半夜，所以主办的教授便请我们去他家烤肉消磨永夜。在那里我见识到了“尊重”的力量。

有一位瑞典教授因为保姆圣诞节休假，去了加勒比海晒太阳，所以把五岁大的女儿带来开会，旅馆有照顾小孩的服务，但是现在退房了，她只好把女儿一起带来。因为她女儿是晚宴中唯一的孩子，没有玩伴，加上环境陌生，所以寸步不离地黏着妈妈。她研究的领域与我相似，我很想向她请教，正在踌躇该怎么安排，谈话才不会被孩子打断时，她微笑着把孩子抱在腿上，跟孩子说：“仔细听我们说话，等一下我们有问题要请你帮忙。”我们每谈十分钟左右，她就抓着谈话的尾巴低头问怀中的女儿：“你可以告诉我们 XXX 是什么吗？”孩子很高兴地讲她所知道的，母亲微笑赞美说：“讲得很好。你不觉得我的女儿聪明吗？她才五岁耶！”孩子兴奋得脸都红了，更加注意我们的谈话。

我们又接着谈正事，谈一会儿，她又把注意力拉到孩子身上，我突然发现这是高招，把孩子变成局内人，让她参与谈话，她就不闹了。人都喜欢被人注意，被人咨询请教时，感觉尤其好。孩子平日不肯安静听大人说话是因为她觉得被冷落，很无聊，假如你能把孩子带进谈话之中，她是参与者，就不会无聊了。尤其找个她可以回答的题目问她，让她有机会表现，人是好为人师的，大人肯咨询她的意见，把她当大人看待、看重她，她会很高兴，很有面子，就会乖乖坐在妈妈腿上听大人说话了。这样做同时也教她谈话的艺术，它是轮流说，不是一人独白。

瑞典教授的做法，不但教了孩子在公众场合应有的态度和行为，也让孩子感受到被尊重。尊重是一种很奇妙的心理感觉，越不被人尊重的人，越希望人家尊重他。尊重会带来自重自爱。尊重他，孩子就会为了这份尊重，自我约束。

很可惜我们的孩子在成长的过程中，很少感受到大人的尊重。有一位客座教授的孩子在台湾读了一年的书，要回去时，我问他，中国和美国教育最大的不同在哪里？这位三年级的小朋友想都不想就立刻回答“尊重”。他说美国的老师尊重学生，会用“请”；中国的老师常用命令的口气，会用骂的方式跟学生说话。他的回答令人惊讶，但是仔细一想，他的观察还有几分道理，父母和老师对孩子的看法，会决定这个孩子的前途，我们一定要开始学会尊重他人，包括孩子在内。

美国小说家亨利·詹姆斯（Henry James）说：“人的灵魂最深的渴求是被人了解。（The deepest hunger of human soul is to be understood.）”教育孩子谈话的艺术是迈向这个了解的第一步。

要改变孩子的坏行为，不是只是禁止他、惩罚他，而是要替他找出一条可行的替代之路。

8 请给孩子指出另一条可行之路

常听到很多父母抱怨孩子的坏习惯怎么改都改不掉，让他们束手无策，头痛不已。最近的研究发现，孩子改不掉坏习惯，其实是我们大人改的方式不对。

行为是大脑意念所激发神经回路的产物，要改变一种行为必须正本清源，从神经回路的连接改起，才会有效。比如说，B 是目标行为，孩子有许多方式去达到 B，假如他选择的从 A 到 B 这条路是我们所不允许的，只是禁止他，但是没有指出另一条可以走的路，那么当他心中想要 B 的欲望很强烈时，他会瞒着父母去走，毕竟人的大脑演化出来是以达到目的为最高功能指针。如果我们指出另一条可以走的路 C，而且鼓励他去走，久而久之，C 到 B 的路就越走越大条，“桃李无言，下自成蹊”，而 A 到 B 的路因为久不走，杂草丛生不好走，再久一点，这条路就被淹没回归大自然了。

因此，要改变孩子的坏行为，不是只是禁止他、惩罚他，而是要替他找出一条可行的替代之路。

跟孩子讲道理绝对比打骂花时间，但这是唯一有效的路。行为是观念的产物，不从观念着手，孩子会阳奉阴违，没有实效。最近从脑造影实验中看到“沙盘演练”为什么有效。当我们假设某一件事的发生时，大脑会活化解决该事件的神经回路，留下痕迹。当该事件真的发生时，在紧急状态之下，这条曾经走过的路会活化得比别人快，可以立刻做出应变行为。所以“沙盘演练”就是将神经回路先连过一次，在紧急来不及思考时能做出恰当的应变措施。

许多音乐家在旅行演奏时，常在飞机上将要表演的乐章在大脑中弹奏一遍，他活化的就是等一下表演时需要用到的神经回路。在没有仪器可以看到大脑内部工作情形之前，这是音乐家师徒相传的秘诀，现在我们了解它有效的原因了。这也是为什么青春一定要留白，我们一定要给大脑时间思考、冥想，寻求最好的解决方法。它同时也是“人无远虑，必有近忧”的神经机制，先想过了，一旦事情发展的与预想的不合时，大脑会立刻发出警讯。

人脑有很大的可塑性，从大脑中我们看到“心悦诚服”是个最有效的行为改变方法。父母在关掉某一条路之前，请给孩子指出另一条可行之路，这样亲子关系会和谐，情绪影响健康，大家的身体都会好。

孩子一下子就长大了，很多父母到孩子离家上大学时，才突然惊醒，不知孩子是怎么长大的。

9 你有没有在乎过我？

今年中秋节遇到台风，狂风暴雨，人们不能外出，想不到这反而使家人打开心扉，化解了误会。

有个朋友因为家里严重的重男轻女，非常愤世嫉俗。她曾经晚一年入学，因为母亲要她与弟弟同班，好照顾弟弟。考大学时，她考上了公立的却不能念，要去工作以供考上私立的弟弟念书。所以她自怨自艾，不甘愿自己有能力却被父母刻意打压。但是今年中秋过后，我看到她时，她不一样了。

她往年回家过节，都得到厨房帮忙，等拜完祖先，侍候亲戚酒醉饭饱，把厨房收拾干净，差不多就该回去了。她说家人对她好像菲佣似的，尤其她弟弟。她母亲常跟她要零用钱，但是左手要来，右手却给了弟弟，令她十分不满。我们常开导她，叫她不要浪费时间怨恨家人，要把时间用来证明给家人看，女生一样能光耀门楣；钱如果给了母亲，就是母亲的钱，就不能再管母亲怎么用。

今年因为天候不佳，叔伯们没有回来过节，只有她们自己一家人，母亲便说，只要煮拜祖先的菜就好了。所以她才有时间到客厅坐一坐，跟家人说话，她才发现家人其实是关心她的。当弟弟问她近况时，她忍不住把最近发生的情变说出来，她没想到弟弟全程安静听她说完，安慰她说："塞翁失马，焉知非福？你聪明能干，书念得这么好，还怕找不到合意的人吗？我帮你找看得顺眼的，不要伤心。"她说她当时惊讶得连眼泪都忘了擦，原来弟弟还是关心她的，还以她念公立大学为荣。心念一转，她的心情就完全不同了。她问我，人为什么那么需要别人的肯定。

我想起一对老夫妻结缡六十年，阿公走后，阿嬷心中最在乎的居然是：你有没有在乎过我？

沟通实在太重要了。现代的社会，家家吃饭配电视，眼睛都不在对方的脸上，哪里知道家人的心情如何。其实新闻晚一点看也不会怎么样，尤其在台湾，不知道更不会造成任何损失，耳朵反而清净。但是孩子一下子就长大了，很多父母到孩子离家上大学时，才突然惊醒，不知孩子是怎么长大的。

台湾连年风灾肆虐，伤亡无数，但是它或许也让家人在停电不能看电视的黑暗中，打开了心扉，找回了亲情。只是，我们应该检讨的是，为什么只有天灾，为什么当我们不能外出时，才有时间沟通？

第六章　生命力

生命教育的核心是珍惜：珍惜光阴、珍惜资源、珍惜生命。

1 给年轻人生命的理想

很多人不了解生命教育是什么，甚至问，以前都没有，为什么现在要做？质疑它的必要性。其实生命教育很早就有，而且一直有在做，只是不叫这个名字而已。生命教育的核心是珍惜：珍惜光阴、珍惜资源、珍惜生命。中国人讲究勤俭，勤俭就是珍惜、物尽其用、人尽其才。《礼运·大同篇》的每一句话都是生命教育的精神。

在工业革命之前，物力艰难，人珍惜一丝一缕，天不亮就起来，做到天黑为止。当一个人勤奋做事时，心中只要有一线希望，他就会珍惜生命，因为通过勤俭苦读可以改善生活。这是为什么中国刑律对考场舞弊罚得很重，甚至腰斩，那是仅次于凌迟的刑罚，因为科举是穷人翻身唯一的途径，必须公平。统治者知道只要老百姓心中有希望，再苦的生活也过得下去，一个人若珍惜自己的生命就不会造反。中国有“皓首童生”的话，考了一辈子，头发都白了还是童生，但是仍然再去考，因为只要不死，中举的希望还在。

但是现在不同了，机器代替了人力，节省了时间，充裕了物质，照说人应该更加努力追求心智的长进，但是人都是好逸恶劳的，俗语说“要饭三年，知县不干”，不劳动，体力就衰退，而毅力来自体力，孟子说“天将降大任于斯人也，必先劳其筋骨”，劳其筋骨才有体力去苦其心志。

人生最悲哀的事莫过于壮志未酬身先死，自古英雄只怕病来磨，人一病，再大的壮志也都付诸东流。所以柏拉图在他的《理想国》中说：“二十岁以前雅典的公民只要音乐和体育的教育就够了。”体力和毅力是一体两面。毅力其实是成功的首要条件，成功的人不一定是最聪明的人，但一定是锲而不舍、最有毅力的人。现在孩子四体不勤，五谷不分，体力不行，不能吃苦，哪来的毅力呢？

最糟的是现代人不需为衣食忙碌后，就不知该如何打发时间，产生“杀时间”（kill time）的现象。年轻时，时间是杀不完的，因为明日复明日，明日何其多，今天去了，明天又来了，等到发现万事皆蹉跎时，已经来不及了，因为人生不能逆转。这是生命教育要从小做起的原因之一，等黄土埋一半才醒悟时，就来不及了。

在物质充裕时，人不再惜物，用过即丢，人对只用一次的东西不会好好地珍惜，就失去了敬业的精神。这个不珍惜物力、不敬业的习惯养成后，对生命的价值也改变了，活得不顺利就自杀，重新再来过。

早期的人对自己都有一番期许，例如早早念完书，出来就业可以帮忙家计，减轻父母负担；快快长大可以念书报国。现在的孩子不但对国家认同薄弱，对自己家庭，甚至对自己的认同都不见了。一九六〇年代在保钓时的留学生，大家游行呼喊“国土可以征服，不可以断送，人民可以杀戮，不可以低头”，当孩子壮志凌云时，他怎么会轻生？韩信可以忍胯下之辱，因为他心中有帝王之志。

现在生命教育最迫切的是给年轻人生命的理想。人生的目的在于实现心中的理想，若是心中无理想，人生自然无目的，醉生梦死当然就成为生活的态度了。要实践生命教育必须从实做中去求体验，没有体验不会有感动，没有感动就不会有学习。学习最有效的方式是情绪与动机，我们从老鼠的实验上看到主动与被动虽只是一念之差（一个是自己想做；一个是自己不想做，被逼着做），但是在神经连接的密度上就有显著的差异。生命教育很抽象，不易说教，必须靠实做去体验，因为经验会促使神经连接，神经连接会形成回路，变成他的思想。

我曾经带我的儿子去麻风村服务，当他看到那里的小朋友铅笔用到只剩一寸还用树枝绑着在用时,就深悔自己过去的浪费。心中有感动就开始惜物了。这个改变是发自他内心的，是主动的，跟因父母、师长的唠叨而不得不做有完全不同的效果。他在这次志工服务中也找到志同道合的朋友,因为理念相同，一直保持联系，成为人生路上的好伙伴。

许多人都对“人生以服务为目的”嗤之以鼻，其实这句话就是生命教育的外显。有能力服务别人，表示我们比别人强，这带给我们信心；能够付出，表示我们比别人多，这带给我们满意。一个人对自己有信心、很满意，他就快乐了。古人说“施比受更有福”，就是这个道理。

生命教育的推行不难，从每学期志工服务开始做起，一旦做过志工，很多人一生都是志工，不但他自己的生活充实了，我们的社会也变美好了。

只有接触才会产生了解，只有了解才会产生尊敬与宽容。

2 鼓励孩子们做志工

在书店中偶然看到一本书《那年夏天，我们走出教室》，这题目抓住我的眼睛，因为我一直认为真正的教室在窗外，教室外所学的东西才是真正用得到的，所以就拿起来看，原来是中原大学的学生去非洲马拉维做义工的记录，非常有趣。想不到一回到家就接到纪惠容小姐的邀请函，邀我去公视与这些学生会谈，真是太凑巧了。那天访问完从电视公司出来后，心情非常愉快，觉得台湾还是有希望的，因为我们毕竟教育出了这么有爱心的孩子，也深深觉得实做的好处，老师在课堂讲一学期生命教育的课，学生的领会不及这十天在马拉维的体验。

鼓励学生做志工的好处是它启动了孩子善良的本能。在学校参与过服务队、接触过弱势团体的人，出社会后，比较会继续做，因为了解才会有关怀。但是如果在学校时不曾接触，出社会后，会被社会人吃人的竞争所冲击，他柔软的心就会变硬，就不太会去做了。

我们常说年轻人有热情、有正义感。所以我们应该乘孩子天真、热情、不世故时，让他们接触不同的人，体验不同的生活，感受不同的挫折。没有接触就不会有感动，就像有位志工同学说的：“在台湾时，艾滋病离我很遥远，很少会去想到它，但是当一个妈妈抱着垂死的艾滋婴儿进来我们的医疗团队求救时，我第一次感到艾滋的恐怖，一个刚出生还不会爬的孩子就已经没有了明天。”这种体验是深刻的，目睹生命的流失对生命教育的意义不是课本教得来的。

一九七〇年，我们研究所进来一位越战退伍军人，他的行事风格与别人不一样，很冷漠，不跟人说话。久一点后，他告诉我：“当你听过炸弹爆炸的声音，你就不再是从前的你了。”我想那种震撼教育就和看到无辜婴儿因艾滋而死亡、自己却束手无策的感觉是一样的。所以每个同学都说做过志工后，自己不一样了，不但成熟了，也学会了感恩。世界上有这么多奇奇怪怪的病，马路上有这样多横冲直撞的车子，而我们却能平安地活到现在，难道不该感恩吗？

那天听他们说在马拉维的经验，我才了解为什么古人说“寿终正寝”是福气。与其花很多钱编生命教育的课本，硬挤出上生命教育课的时数，不如直接让孩子去做志工，成效会快些。

很多人一想到志工就想到扫地、净滩，其实最理想的志工应该是发挥自己的专长帮助别人，因为那才会双赢，对别人与自己都有利。好几次我坐公交车经过台大，看到台大的学生在校园外扫地，那种有气无力的样子使我想到是否学生觉得扫地没有什么意思呢？如果让他们去做弱势儿童的课后辅导，会不会更有挑战性呢？组织志工队一定要看各人的专长，不然不但没有服务到别人，别人反而要来服务他，或替他善后。

从同学们那天的谈话和书中他们生活的记录，我们看到这是一个教育主管机构可以积极推动的计划。一个成功的志工团把生命教育、品德教育、两性教育都包括在里面了，因为只有接触才会产生了解，只有了解才会产生尊敬与宽容。

人只要能保持心灵的简朴，快乐就在你身边，不需远求。

3 知足，就会快乐

一位朋友从美国回来，大谈简朴即是美，告诉我他跟宾州艾米许人（Amish，一种不用电、汽车等现代工具，保持十八世纪生活的早期荷兰移民）一起生活一个月的情形。在听他说话时，我脑海中浮现上周去南投县仁爱乡浊水溪上游最远的一所小学的经验，其实台湾山地处处可见简朴的美，不需跋涉长途去外求。

那所小学每年舞蹈比赛都得奖，但是缺乏合适的配乐，所以常被扣分，于是就想请个专业的录音师来配乐，使红花得绿叶之衬。因为专业的录音很贵，就有一位电子公司的老板，他是业余的音响玩家，自愿带着他的全套设备上山去录音。我们到了学校一看，他们除了一面皮鼓、两个铃鼓，什么都没有，老师前一天还连夜去砍了几根碗大的竹子要来做鼓，却还来不及完成。

那，怎么办呢？老师灵机一动，叫学生嘴巴张开来唱，自己用两根棍子敲击木鼓来打节拍，请他们唱祖灵歌、祭祀歌、打猎歌。刹时间，山林充满了嘹亮的歌声，树上很多鸟也突然大声唱了起来，变成人声、鸟声的合唱。望着青翠的中央山脉，我想陶渊明的世外桃源也不过如此了。正陶醉时，下课钟响了，打乱了录音，大家都笑起来，因为山上当然没有录音室，我们在操场的司令台露天收音，忘记了头顶有只打上下课钟的大喇叭。

孩子们不怕疲倦地一唱再唱、精益求精，看着他们缺了门牙的大嘴快乐地唱时，真的很羡慕。他们的要求不高，有饭可以吃、有学可以上、有家可以回就很满足了。在练唱时，有个一年级的小朋友走出教室去上厕所，他一听到鼓的节奏就开始跳起来，他并不知道我在看他，跳得那么自然，一路跳到厕所去，再跳回教室。他可能功课不好，注音符号还不会，但是他是快乐的。人只要懂得知足，就会快乐。

录完音后，我们拿出带来的一桶冰淇淋请他们吃。冰淇淋是山上吃不到的，山上并没有便利商店，即使通了车，上山还是得花两个多小时，冰会融化，所以小朋友一听到冰淇淋立刻欢呼起来，每个人跑回教室拿午餐的铁碗与汤匙，排成三路纵队等着吃冰淇淋。看着他们发亮的眼睛，我们暗暗决定以后每学期送两桶冰淇淋上来奖励阅读。

低年级的小朋友拿到冰淇淋后立刻到队伍后面一边吃一边再排第二轮，这时高年级的就告诉他们老师还没吃，等老师吃完剩下的再吃第二轮，没有一个小朋友反对或抗议，大家捧着吃完的碗安静地等待。我看到每一个小朋友都发挥舌功，把碗舐得干干净净，比洗过的还清洁。

我们要下山时，一个三年级的小朋友过来抱我一下道别，告诉我这是他最快乐的一天，问我下次什么时候再来，他要抓一只小动物让我“惊喜”；另一个告诉我他今晚一定会梦到冰淇淋，因为太好吃了。

山上交通不便，路只通到他们学校，后面就没有路了。山路崎岖，大巴士开不上来，他们要下山需要接驳，很不容易。但是他们知足，一桶冰淇淋可以让全校师生快乐一天。古人说“晚食以当肉，安步以当车，无罪以当贵，归真返璞，终身不辱”。人只要能保持心灵的简朴，快乐就在你身边，不需远求。

做善事看似帮助别人，其实受益最多的是自己，它使自己心情愉快，远离病痛。

4 做善事受益最多的是自己

美国金士顿科技公司的创办人杜纪川先生在《自由写手的故事》序中，写到一位素昧平生的实习老师来找他，因为学校经费不足，无法让学生阅读，希望他能捐钱让她的学生买书和使用计算机。杜先生说他认为只要能让某个人在某一小时快乐，就很值得掏腰包，因此他就帮助了这位有教学理想的实习老师圆她的梦。结果，他没有想到他的帮助改变了一百五十位学生的生命，让这些贫民窟的孩子远离街头帮派，从书本中去找寻他们的梦，而户外教学开启了他们眼界，给了他们自信心和希望，毕业后甚至有几个还上了加州大学，实现了他们过去连想都不敢想的梦。

杜先生的序让我很感动，不只是因为他慷慨解囊，更重要的是他那句“只要能让某个人在某一小时快乐就够了”的心。

小时候听到“施比受更有福”都很不以为然。钱留在自己身边，可以买无数自己想要而父母不肯给的东西，不是最好吗？为什么给别人用自己才会快乐？长大后，发现此言不虚，的确在帮助别人时，得到比自己享受更大的快乐。美国有研究发现人的物质欲望是会饱和的，去年一块钱能带给你的快乐，今年要一块四毛才能达到同等的快乐。一个没有饭吃的人，一碗白粥是琼浆玉露；天天吃美食的人，再好吃也不过如此。其实我们每个人都有这种经验，吃第一口时，好吃得连舌头都要吞下去，吃太多后，山珍海味也索然无味了。

最近加拿大英属哥伦比亚大学的教授更在大脑中发现，钱花在别人身上带来的快乐感高于花在自己身上，就算是只捐了五元，如果这五元能让人快乐一整天就比花五百元让自己大吃大喝更快乐。神经科学领域一份著名的期刊《神经元》(*Neuron*)也连续刊出三篇论文，研究者都发现社会地位，如被人尊敬、有令誉被人羡慕所带来的快乐，与得到金钱犒赏的快乐在大脑中活化的区块是相同的地方，而且强度相似。研究者发现社会地位越高，越被人尊敬，身体就越健康。做善事看似帮助别人，其实受益最多的是自己，它使自己心情愉快，远离病痛。

五月二日台北有一场“原住民儿童之夜”，远从台东、屏东、南投七个山地小学下山来的小朋友用歌舞将他们一年来的进步呈现给认养人知道。那天散场后，从每个走出来的人的脸上，我看到了这个实验的意义。外国有一句谚语：You can give without loving, you can never love without giving. 真是对极了！

一个懂得欣赏艺术的人，在感到郁闷、无聊时，艺术可以陪伴他，替他解闷。

5 替学童打开艺术教育的门

一位朋友因忧郁症住院了，乍听这个消息觉得很难过，因为以他的家境、学历、经历都应该算是一帆风顺，为什么会失意如此。跟几位也认得他的朋友谈起来，他的发病又似乎在每个人意料之中。一位跟他高中、大学都是同学的朋友一针见血地说了一句话：“他除了读书，生命是一片空白。”他不看小说、不看戏、不听音乐。他是台湾父母、师长心目中的优等生，但是这个优秀的代价太惨痛了。

亚都饭店的严长寿总裁在他《做自己和别人生命中的天使》一书中谈到，有一次他在德国搭出租车，发现车上播放着他所喜爱的古典音乐。一问之下，发现这位司机曾经是大学教授，因故必须开出租车谋生。但是他并不以为忤，因为开车只是一个谋生的工具，他内心世界异常丰富，并不需要职位来肯定自己。不管开不开车，他都是一个完整的人格，有他的气质内涵。

严总裁说：“一个懂得欣赏艺术的人，在感到郁闷、无聊时，艺术可以陪伴他，替他解闷。”古代读书人手边常有些小玩意，心情不好时拿出来把玩，我父亲心情不好时，常去院子里种花。人不是一定要书念得好、钱赚得多、官做得大才会幸福。在旁人眼中的成就常常抵不过生命中真正的内涵，因为只有有内涵的生活才能找到心灵的安适。

现在台湾忧郁症很严重，有个原因是我们的学生缺少人文的素养。我非常赞同严总裁说的，如果在念小学的时候，老师能教我们欣赏巴赫、莫扎特的音乐，而不是专门考大调、小调的差异或是背宫商角徵羽的乐理，我们应该会有一些音乐素养，在烦闷时可以借音乐得到心灵的慰藉与满足。

人的大脑有个恶习就是喜欢钻牛角尖，我们的记忆是神经回路的活化，一旦一个负面的情绪被活化了，它会带动其他跟它有关的负面情绪，我们的心情就越来越烦闷了。我的大舅曾被送去北大荒劳改二十二年，最后能以八十二岁高龄活着回到福州，他脑海中的音乐戏剧、诗词功不可没。他说在极痛苦时，就在脑海中唱一段京剧，背一段《古文观止》，以古慰今，度过一天。

艺术教育对文化素养既然这么重要，或许主管部门可以规定在小学毕业前，至少要听过一次音乐会、看过一次戏剧，替学童打开艺术教育的门，让他们以后知道如何追求有艺术人文内涵的生活！

我们应该从小教孩子感恩，他们必须认知到人是动物，受到大自然法则的规范。

6 能惜福，就不会有烦恼

人的记忆是选择性记忆，通常对不好的事情记得比较清楚，也记得比较久。因为演化上，人要能记取教训才不会重蹈覆辙，因此对不好的事情不但要记得非常深刻，最好还要记得够久以告诫子孙，趋吉避凶。对于顺利的事则过眼就忘，平淡如水，不值得特别去记。学生很怕写周记常是因为每天都过同样的日子，乏善可陈，被老师批评“流水账”。其实流水账是福气，只是我们平日都不这样想而已。

因为演化比较偏向记不好的事，因此夫妻吵架时，双方都会把对方不好的、亏欠过自己的事，一个不忘的背诵出来，很多夫妻吵架三天三夜吵不完，就是因为双方的记忆都太好了，从结婚那一天的喜酒开始吵起，一本流水账都在大脑中。这也是为什么人家说欠债是使朋友永远记得你的最好方法，大脑没事便把这件未结案不能归档的事拿出来咬牙切齿一番，顺便告诫子孙绝不可借钱给人家。

其实这种行为是很不健康的，研究发现负面情绪对身体很不好，因此人应该透过自己的意志力改变这个坏习惯。第一，不要再把快乐的事当做理所当然，心中常要存感恩之念，感谢上天让我今天平安顺利。这一点是许多忧郁症患者最不容易跳脱的地方，他们常紧咬着不幸不放，无法释放出脑力去感受自己的福分。

现在主管机构在推生命教育，我们应该从小教孩子感恩，他们必须认知到人是动物，受到大自然法则的规范。没有任何动物出去觅食时，有把握今天一定找得到东西吃，它们会知道找到食物是福分，找不到是本分，我们从不曾看到哪一只动物辛苦一天觅不到食时，大发脾气的，只有人类才会。每只动物出门觅食时，也没有把握今天一定可以再回到这个窝来。因此，我们若能及早把演化加诸我们身上的规范教给孩子，让孩子学会感恩惜福，这孩子以后碰到挫折时，就可以坦然接受考验，不会自怨自艾，觉得全世界人都对不起他，去钻忧郁症的牛角尖了。

第二，知道人比较容易记得负面的事情后，我们可以每次一动负面情绪的念头，便提醒自己去数福分，把悲观改为乐观。有个妈妈告诉我，自从她儿子班上转来一个脑性麻痹的同学后，她开始感谢自己的孩子四肢健全，从此不再嫌孩子笨。

人若能惜福就不会有烦恼，这一切都在大脑，改变看法，可以改变人生。

一个孩子心智的启发是不可用钱衡量的，我们不知道什么时候这个孩子会做出什么事而改变了世界。

7 耐心等待孩子成长和成熟

美国有艘驱逐舰到越南做友好访问，这本来是例行公事，它会引起媒体注意，是因为这艘驱逐舰的舰长是当年西贡沦陷时逃出来的小难民。

一九七五年四月三十日，只有五岁的 Le-Ba Hung 随着其他难民乘着竹筏在海面上漂流了两天两夜才被一艘美国军舰救起，把他们带回美国。他长大后发愤图强，以优异成绩进了美国海军官校，又因努力向上，被升做驱逐舰长，三十九岁的他终于有机会回到当年逃离的故乡。

记者访问他时，他说当年他是一个没有人要的小难民，美国收留了他，给了他机会，做到了舰长，统御一艘军舰，乘风破浪去完成他的大志。他对美国不计较肤色、种族，给他教育，让他出头，非常感激，他说英雄不怕出身低，将相本无种，男儿当自强。他的话给了越南青年很大的鼓励。

我最近正好去胡志明市演讲，看到他们的大学生非常用功，大热天坐在校园树荫下念书。越南天气很热，摄氏三十度左右，湿湿黏黏的，本来想问为什么不去教室内读书，后来才知道他们的校园很小，教室设备也不好，图书馆的书更是少，他们是拿着老师自己编的教科书努力在读，看了很令人感动。

就像那位舰长说的，心中只要有希望，再多的苦都吃得下来。

回来后看到南港高工的一位学生拿到全台技能竞赛的金牌。这个学生当年基测的成绩只有八十一分，被同学嘲笑，但是努力学习，他现在是金牌得主。其实人都有长处，只要找到兴趣，学得慢没有关系，勤能补拙，坚持下去"铁杵磨成绣花针"，自然打出一片天，苦心人天是不负的。报上说，虽然他的课是晚上的,但是他每天一大早就来学校学习,老师问他为什么,他说："到学校就很快乐，闻到工厂内的油渍味精神就特别好。"看到这句话就知道他一定会成功。当学习是快乐的,他就会自动自发地好好学,不需要人督促了。

这则新闻很鼓舞人心，后段班的学生不必要气馁，老师也不要放弃他们，西谚说：没有什么叫天才，只要放对了位置，让他的能力发展出来就是天才。我个人非常反对后段班或放牛班这个名词，开窍得晚并不代表笨，更不是孩子的错,它是基因的关系。教育者应该有耐心等待孩子成长和成熟(maturation)，如果每个人都一样，孔子三千年前就不必说"因材施教"了。把孩子编入放牛班是在他还没有起步就倒打他一耙，对孩子是不公平的。每次看到后段班学生出头天，我心中都很高兴，天下没有不可教的孩子，给他机会他会表现给你看。

一个孩子心智的启发是不可用钱衡量的，我们不知道什么时候这个孩子会做出什么事而改变了世界，就像前面例子中的舰长或拿金牌的孩子一样。伸出手帮助一个孩子，帮他缴学费也好，替他多准备一个便当也好，甚至口头鼓励都行,只要一个孩子因我们而改变了,我们在这世界上就没有白走一趟。

这两则新闻让我快乐了一天，把它分享出来，希望每个人都看到社会的希望。

其实懂得感恩才能丰富自己的生活，我们因感恩而谦虚，生命因谦虚而受益。一个忘恩负义的人，他的生命是阴暗、孤单、贫乏、沮丧的。

8 感恩带来幸福与满足

我一向对史蒂芬 · 金（Stephen King）没有好感，总是以为会写出这么恐怖的小说的人，心大概好不到哪里去。有一天，偶然看到一则报导：史蒂芬·金在乡下散步时，一位卡车司机因为低头拍他的狗，一不小心开出了马路，把他撞得先飞上卡车的挡风玻璃，再飞越马路掉入路旁的水沟。他被救活后的第一句话是："感谢上帝，那个司机不必为我的死负责任！"我看了很感动。不怨恨肇事者就已经不容易了，还能这样替别人想更是难，他的大量使我从此改变了对他的看法。

现在已有研究证实快乐不记仇的人活得比较长，他们自我调整情绪及应变的能力比较强，比较有创意，事业上比较成功。

为什么量大、感恩、快乐的人事业比较成功呢？因为现代社会已经不再是过去那种单打独斗、独立创业的时代了。在团队的社会里，要成功要靠朋友的扶持。现在连求职的介绍信都要三封，表示一个人至少要有三个朋友，不然连工作都找不到。快乐的人容易交到朋友，因为情绪是会相互感染的，人都喜欢跟笑口常开的人一起，不喜欢跟愁眉苦脸的人共处。有一位在中学教公民的朋友常感叹现在的孩子不快乐也不知感恩，他说他的学生都认为享受权利是他们的本分，只要有一点不满意就怨天尤人，把过去人家对他的好处一笔勾销。

其实懂得感恩才能丰富自己的生活，我们因感恩而谦虚，生命因谦虚而受益。一个忘恩负义的人，他的生命是阴暗、孤单、贫乏、沮丧的。我们都误以为成功使我们快乐，但是事实上正好相反，快乐使人成功。快乐使好事发生在我们身上，西谚说“智者不因匮乏生悲，而能知足喜乐”，中国人则更高一层境界，“不以物喜，不以己悲”，不论中外，快乐都是人生美满的标竿。美国开国的元勋杰斐逊（Thomas Jefferson）甚至说“追求快乐是美国人不可剥夺的权利”。但是快乐是不必追求的，它在自己的一念之间，只要有感恩之心，知足出现，快乐就出现。最近四川大地震，在报上看到一个少数民族的男子用竹篓把他的母亲背下山，这儿子是快乐的，因为他平安地把母亲背到了平地；这母亲也是快乐的，因为她教养出一个懂得感恩的好儿子。

感恩带来了心里的幸福及对生活的满足。问题是，我们该如何教台湾的孩子感恩呢？

母亲尤其是家庭的灵魂，因为孩子跟母亲在一起的时间最多，母亲的情绪会严重影响孩子的心情。

9 父母快乐，孩子才会快乐

晚上十点半，我在捷运车站看到同事的女儿，我很惊讶她这么晚了还在外面，因为她母亲管教得很严（她说不希望太早做外婆），这个时间不太可能允许她出来。她看到我立刻跑过来抱着我哭，原来跟母亲吵架了，一气之下离家出走，但是忘记带钱，口袋里只有一张悠游卡，来到车站后，不知去哪里好，正在徘徊，看到我好高兴，这样就有台阶下，可以回家了。我知道她母亲以她为生活的重心，把她照顾得无微不至，问她为何跟母亲吵架，她说被人照顾得太周到也不好受，连呼吸的空间都没有，要窒息。而且当别人一直说她是为你牺牲时，压力非常大，一旦达不到母亲的期望时，会觉得自己对不起母亲。她说她活得非常不快乐，也害母亲活得不快乐。

她的话令我沉思。人应该为自己活，为自己活就不会失望，因为操之在我。天下的父母都是为孩子好，但是只有自己快乐，孩子才会快乐。母亲尤其是家庭的灵魂，因为孩子跟母亲在一起的时间最多，母亲的情绪会严重影响孩子的心情。父母爱孩子最好的方式是把自己照顾好，使自己活得长，孩子才不会失怙、失恃。

其实快乐是一种态度，一种对待生命、每天过日子的态度。每个人在社会上都扮演很多种角色，我们是女儿、是妻子、是母亲、是朋友、是教授，扮演的角色越多，内心的能量越大，一个角色受伤时，其他的角色可以出来支持，打击来时，就能保护我们不受伤害。不致像很多传统的妇女一样以丈夫、孩子为生活中心，一旦丈夫变心或孩子离家上学就会顿失生活的重心，不知该如何排遣时间了。朋友越多的人，社会资源越多，也越不受到单一失望的打击。

做父母更要多读书，接受新的观念。多读书使我们看到事情的因果关系，了解因果关系就明了事情在外界的定位，不会以为是自己不好，自怨自艾。很多时候，越逃离，面前的山越高，一旦面对它，它就突然变矮，就在你能力可以处理的范围之内了。而且事情不处理会像滚雪球似的愈滚愈大，最后不可收拾。情绪的雪球尤其如此，只要孩子情绪一不对劲，要立刻放下手边的事，优先处理孩子的情绪，不要等到火山爆发。

要有快乐的孩子，父母亲应该以自己为生活重心，为自己而活。多交好朋友，增加自己活动的范围，你会发现当你为自己活时，你会快乐很多，你的孩子也跟着快乐了。

鼓励比责骂有效，因为它从心里改变孩子，西谚“我们对孩子的看法决定他的命运”，真是非常的对。

10 称赞与鼓励go a long way

有一位小学老师告诉我，她在值班时，接到一位家长打来的抱怨电话，说他女儿班上的老师如何差，希望转班。这位家长向她打听一位老师的名字，因为他听邻居说教得还不错，要去和校长说希望转到她的班上。我的朋友逐一点名教低年级的老师，都没有这位家长说的，这位家长一再重复：矮矮胖胖，头上有白头发……她突然想到，哎，那不是我吗？她一时啼笑皆非，问那家长：你有跟任何人称赞这位老师教得好吗？家长说没有，平白无故怎么会去说老师的好话。

挂上电话后，她很感慨，一位老师教得不好，家长立刻打电话来骂；但是教得好，却没有人夸奖。她说这不正是我们社会的缩影吗？做得好的人没人称赞，做不好的立刻上报纸大家骂，我们为何不愿给做得好的人一点掌声呢？她的话令我沉思，我们应该赏罚分明，做得好的要给予支持，基层才会有士气，一点鼓励 goes a long way。

最近在报上看到一篇文章，一位老师说：有一天，她在课堂上问了问题，一个从开学起便插科打诨、专门搞笑的同学又抢先回答了，搞得全班哄堂大笑。她那天心情好，便说："你的看法我没想过、也没听过，但仔细想想也不无道理。" 就这么一句夸奖的话，这个学生学习态度变好了，可以安静上课了，从此不同了。这个例子令我怵然而惊，我们做老师的有多少次，因为心情不好而随口驳回学生的看法，给本来渴望得到奖励的孩子浇了一瓢冷水呢？

老师的鼓励在越是功课不好的学生身上越重要，二〇〇九年一月十七日某报社会版有一则新闻，标题是："爱的奇迹，智障生甄选上北科大"。原来这孩子从小被鉴定为中度智障，遭受同学、老师的排斥，但是高中时，很幸运地碰到了好老师，假日帮他义务补救教学，使他赶上进度。他在老师的鼓励下功课突飞猛进，老师又鼓励他参加技艺竞赛，在修车钣金组拿到奖，现在上了北科大。我们从来没有想过一个孩子被肯定后，不但学习态度，连容貌都不一样了，老师形容他刚来的时候 "眼神涣散"，真的像个智障人。看到老师的鼓励和爱心改变了他的一生，真是令人感动。

前几天我去了一趟少年感化院，校长也讲了一个同样的故事。他说有个学生童年生活坎坷，没爹没娘，是个没有人要的人球。进入感化院后仍不肯学好、不接受教育，口出逊言，专门欺负比他小的人。有一天上美术课，校长看到他画得还不错，随口称赞了几声，一开始他还爱理不理，但是校长把他的画用框框起来，挂在餐厅的墙上，使同学一进去用膳就会看到他的作品之后，孩子就从此不一样，改邪归正，不再爱找人挑衅了。对一个从来没有听过人家称赞的孩子，这一点点就够了，真是一点称赞 goes a long way。

鼓励比责骂有效，因为它从心里改变孩子，西谚 "我们对孩子的看法决定他的命运”，真是非常的对。天下真的没有所谓的坏孩子，也没有教不好的学生，只要心中有爱，没有唤不回来的。马上又要开学了，但愿我们都能用欣赏的眼光看我们的孩子，用更宽容的心接纳他们。

教养孩子无他，参与孩子的生活而已。

11 参与：一定要在场才会赢

快开学了，学生都陆陆续续回来了，交谈之下，发现都去了八八水灾灾区做志工，让我听了很高兴。他们自动自发去清淤泥、带小朋友团康活动、背粮食及水进入路还不通的深山灾区。我在年轻的这一代身上看到了公民教育的核心：参与。这观念重要到连做父母都要讲究参与。

在微软变成家喻户晓的名字之后，比尔·盖茨的父亲常被人问到："你是怎么教的，把孩子教得这么好？"他说："这真是好问题，因为我也不知道。我唯一能想到的是他们小时候，我尽量参与他们的生活，凡有球赛，我都尽量到场加油。赢的时候，我带他们去吃冰淇淋；输的时候，我替他们擦眼泪。学校的家长会、恳亲会我尽量亲自出席。除此之外，我跟其他的父亲一样，努力赚钱，喂饱他们的肚子。"

教养孩子无他，参与孩子的生活而已。

"参与"是二十一世纪公民的责任，凡是跟公众有关的议题，大家要参与，站出来说出你的心声、贡献你的时间和精力，监督公共设施的进行，确定没有偷工减料、没有不法行为在你周边发生。外国还有一个叫"公民的逮捕"

（citizen's arrest），看到不对的事情，要挺身而出、主张正义。如果每个人都肯参与公共事务的决策与执行，很多人为的灾害就可以减少。

出席、在场、参与是所有一切的开始，畅销书《自然心药》（Kitchen Table Wisdom）的作者雷曼（R. N. Remen）就说："生命是个老师，但是他教我们的东西不是透过科学的研究，而是透过经验才得到的。人在这世界上生存只有一个目的：就是有智慧的成长，学会爱人。我们可以从生命中必然有的输和赢、成功和失败、有和无中去学习智能和爱人。我们所需做的不过就是出席、参与，打开我们的胸襟接纳别人。所以要完成生命的目的，就在于我们怎么主动去扮演角色而不是被动地被分配。你一定要在场才会赢。"

好一个"一定要在场才会赢"，生命教育本来就在实做，有参与才有体验，有体验才有感动，有感动，学习就成功了。南非祖鲁人见面时，打招呼的话是"我看见你了"（I see you），对方的回答是"我在这里"（I am here）。这么简单的对答却令人感动非凡，一个躲在家中、从来不出来参与任何公共事务的人，不是跟没有这个人没两样吗？出来参与打猎、祭祀后，"我看见你了"，我认同你是我族群的一分子。

"我在这里"则是支持，在民主社会中，有人附议，提案才成立。古人说"单线不线，孤掌难鸣"，有人支持，两人成双，三人成众，事情就成了。"我在这里"对人的心灵更是重要，我小时候怕黑，父亲最常告诉我的便是"我在这里，不要怕"。

想想看，一个有公民参与，互相支持的社会怎会不好呢？

如果一个孩子长到二十岁，不知自己要做什么，父母就要开始忧心了。而觉得自己做什么都没有意义就更严重了，这种极度的悲观，在研究上叫做“习得的无助”。

12 让孩子从实做中了解人生的意义

《天下杂志》公布了二○○九年十五—二十四岁高中职及大学生生命教育调查的结果，在五千多份的问卷中回收了近八成，所以这个抽样是具有代表性的。他们问：“现阶段的生活，你觉得最痛苦的是？”有四成以上的大学生表示“不知道自己要做什么”，而高中生则多为“课业太重”，有百分之五的学生认为“不管做什么，都没有意义”。

当问“你的人生典范是谁？”时，绝大多数回答“没有”，其次才是父亲、自己、母亲或老师（以自己做典范，有点怪怪的）。这一题的回答似乎替前面一题找到了答案，如果心中无人生的楷模，当然不知道自己将来要做什么，就难怪学生会感到很迷惘、痛苦了。

如果一个孩子长到二十岁，不知自己要做什么，父母就要开始忧心了。而觉得自己做什么都没有意义就更严重了，这种极度的悲观，在研究上叫做“习得的无助”（learned helplessness）：这个实验是两只狗接受同样程度的电击，一只有主控权，在电来时，可以用鼻子压钮把电停掉；另一只则是怎么做都无效，只能哀鸣。后来把这两只狗搬到全新的环境中，换上全新的笼子，这时，原来可以关掉电源的钮无效了，这只原来有主控权的狗在情急之下，会跳过不高的栅栏，到笼子的另一边去，逃脱电击。但是过去做什么都没用的狗，换到了新环境也不会想办法逃脱，反而躺下来，全身接触通电的地板，让实验室弥漫毛皮烧焦的臭味，惨不忍睹，因为它已全然放弃，甚至连哀鸣都放弃了。

美国政府认为由后天环境造成的学生自我放弃是文明社会的耻辱，所以他们花了很多钱帮助贫民窟的孩子，使他们跟得上课业，不让绝望产生。因此《天下杂志》这份调查透露出来的学生无助感不可忽略。

最近又有一份针对二〇〇七年二十万名大学及研究所毕业生所做的毕业后工作情况调查，发现百分之六十的硕士生做的工作并不需要硕士学历，有一半以上的硕士生所从事的工作与主修几乎无关。如果跟专业无关，念硕士所为何来？不是浪费父母的钱和社会的资源吗？

当主管机构投资这么多钱到高教上，而一半以上的学生是所学非所用时，我们需要彻底检讨高等教育的课程了：为什么我们的训练赶不上时代的需要？为什么我们的大学生不知道自己要做什么，又为什么会有百分之五的学生觉得自己人生不管做什么都没意义？台湾教育资源的分配一向是个倒金字塔，小学的学生人最多，分配到的资源最少，捉襟见肘，许多小学把毕业旅行和户外教学合并举行，因为没有经费。为什么不把钱用在打根基上？一棵没有根的树是不会开花结果的。

这两份调查让我们看到教育必须务实、脚踏实地地从小做起，不是用钱去砸“百大”，生命教育不应该再在教室中上课，而是让孩子大量阅读伟人传记，建立他心中的人生楷模，再带他们去生活中实做，了解人生的意义。

我发现我从孩子身上得到的更多，他们让我觉得我还有用、还被需要。他们的纯真使我想起我自己曾经这样年轻过，提醒我自己一定要保持赤子之心。

13 台湾的生命力在民间

最近署立新竹医院捐了十五部淘汰的计算机给嘉义一所偏乡小学，校长带着学生千恩万谢地来领回去。城里报废的计算机是乡下孩子梦寐以求的宝贝，有孩子因为抽中了旧计算机，兴奋得三天睡不着觉。计算机是一扇打开世界的门，有宽带、有计算机，城乡差距就缩短一半了。有个山地孩子跟我说："老师，我没有笨，我只是没有机会。"上次基本学力测验出了火星文的题目，我为山地的孩子打抱不平时，被呛说"谁家没有三部计算机？"我好想回应说："请去穷乡僻壤看一下，三家没有一部计算机。"公民都有受教育的权利，但这权利却是这么的不公平。

幸好许多主管机构做不到的地方，民间都在做，这就是台湾可爱的地方，我深深感到台湾的生命力在民间，如署立医院的付出。有个志工说："我现在不敢说服务了，因为，我发现我从孩子身上得到的更多，他们让我觉得我还有用、还被需要。他们的纯真使我想起我自己曾经这样年轻过，提醒我自己一定要保持赤子之心，我现在只敢说学习，我跟他们学如何做一个更好的人。"圣严法师说"生命的意义是为了服务，生活的价值是为了奉献"，有什么比自己有能力替别人服务、有价值可以奉献给别人更高兴的呢?

那天在捐赠典礼完了之后，我去到南投县仁爱乡的曲冰部落，在那里我看见圣严法师话语的落实。北一女高一的学生在易老师的带领下，和桃园县石门小学的学生去到山里与万丰小学的学生做了五天的城乡交流。曲冰部落是浊水溪上游布农族的一个部落，在武界水库的北端，海拔约八百公尺。那里真是山明水秀，美不胜收，令人心旷神怡。还有个曲冰遗址，出土了陶片、石簇、石斧及石板棺，可惜无人管理、破坏严重，看了好心痛。我们对先人的遗迹、文化的遗产如此不珍惜，真是汗颜。

这个城乡交流的计划，是一个北一女的家长卢先生发起的。他让北一女的大姐姐带着布农族的一个孩子和石门小学的一个孩子组织成一个“家”，让孩子们一起学习。在共看过一本书后，在网络上交换心得，透过书本的对话增加彼此的了解。他也安排曲冰的孩子下山到石门的孩子家中住两天，体验城里的生活。卢先生希望经由道路（两人实际见面)、网络（两人虚拟见面)，让山上、山下的孩子变成朋友，将来在人生的路上互相扶持。我夜宿村长的家，跟村长聊天时，深切感觉到这是一个很好的生命教育方式，只有长久深耕一个部落，把山里的孩子看成自己另外一个孩子，这才真正对山上的孩子有帮助。

我很高兴看到越来越多的人认同《礼运·大同篇》中的“货恶其弃于地也，不必为己”，东西不必留在自己身边，若别人有用，捐出来给别人用，“物尽其用”是个美德，在经济不景气的现在，尤其值得鼓励。

图书在版编目（CIP）数据

理直气平：勇于改变才会进步 / 洪兰著.—南京：译林出版社，2013.7
ISBN 978-7-5447-3837-8

Ⅰ.①理… Ⅱ.①洪… Ⅲ.①家庭教育 Ⅳ.①G78

中国版本图书馆CIP数据核字（2013）第094626号

书　　名 理直气平：勇于改变才会进步
作　　者 洪　兰
责任编辑 陆元昶
特约编辑 李剑敏
出版发行 凤凰出版传媒股份有限公司
译林出版社
出版社地址 南京市湖南路1号A楼，邮编：210009
电子邮箱 yilin@yilin.com
出版社网址 http://www.yilin.com
印　　刷 北京京都六环印刷厂
开　　本 710×1000毫米　1/16
印　　张 14.5
字　　数 150千字
版　　次 2013年7月第1版　2013年7月第1次印刷
书　　号 ISBN 978-7-5447-3837-8
定　　价 28.00元

译林版图书若有印装错误可向承印厂调换